«En un mar de libros evangélicos sobre la castidad que parecen haber sido escritos para estudiantes universitarios, el libro de Eden se distinguirá como uno que fue escrito para adultos…»

— *Publishers Weekly*

«No puedo decir que estoy de acuerdo con todo lo que dice o ciento por ciento en términos generales, pero hubo partes que realmente me gustaron y con las que me identifiqué, especialmente el capítulo sobre "Convirtiéndose en una sensación singular". Como mujer soltera, Dawn me ha dado mucho que pensar».

— **Rachel Kramer Bussel,**
Autora y columnista
«Lusty Lady» de *Village Voice*

«*La aventura de la castidad* es un libro escrito por alguien que pasó por ello. Es un libro para cualquiera que tenga dos dedos de frente se dé cuenta que los valores y las actitudes sexuales actuales de Estados Unidos son un fraude que resulta en una manada de gente aislada careciente de valor, que tienen en común su soledad y sentido de explotación. Dawn Eden sabe que la única vida realmente emocionante, llena de amor, y feliz es la que acoge el gran grito de batalla de G. K. Chesterton: "¡Rompan las convenciones! ¡Cumplan los Mandamientos!"»

— **Mark P. Shea,**
Editor Principal de Contenido,
CatholicExchange.com

«Mucho más a la moda que el programa de televisión *Sex and the City*... Dawn Eden lo lleva en un viaje que produce mucho más de lo que promete. No sólo Eden da a conocer un fundamento basado en la verdad acerca de lo que las mujeres solteras al final están buscando, sino que lo hace con la clásica transparencia al estilo de Nueva York que demuestra que no tiene nada que esconder. El consejo de Dawn para la mujer soltera del mundo de hoy está rociado de agallas como las que no se encuentran en ningún otro lado. Yo lo sé porque mujeres solteras llaman a mi programa todos los días buscando la sabiduría que imparte Eden. Compre un ejemplar de este libro para cada mujer soltera que conozca. ¡Se lo agradecerán!»

— **Kevin McCullough,**
Presentador del premiado programa
de entrevistas y autor del éxito
de librería *MuscleHead Revolution*

«Un récord notable de conversión, escrito por la niña mimada más moderna del centro de Nueva York del blog que cita Escrituras bíblicas. ¡San Agustín, hazte a un lado!»

— **James Panero,**
Director editorial de
The New Criterion

«Dawn Eden es integrante de un grupo creciente de profesionales talentosos que, después de haberse tragado el mensaje de nuestra cultura acerca del sexo, lo encontró careciente y se puso a buscar algo mejor. La experiencia de su vida le permite demostrar, con sabiduría convincente y lograda con mucho esfuerzo, por qué vivir castamente es, como lo sugiere el título, "una aventura"».

— **Christopher West,**
Fundador del Instituto
de la Teología del Cuerpo

«¿Por qué una mujer moderna de treinta y tantos años abandonaría el sexo? En el centro de *La aventura de la castidad* se encuentra esta historia misteriosa, la cual a medida que se desarrolla, revela nuestro profundo anhelo de tener un amor que verdaderamente importe, de una unión sexual que sea real. Un libro valiente y hermoso».

— **Maggie Gallagher,**
Columnista sindicada a nivel
nacional y presidente del
Instituto para el Matrimonio

la aventura de la castidad

ENCONTRANDO SATISFACCIÓN CON SU ROPA PUESTA

dawn eden

GRUPO NELSON
Una división de Thomas Nelson Publishers
Desde 1798

NASHVILLE   DALLAS   MÉXICO DF.   RÍO DE JANEIRO   BEIJING

Traducción: *Eduardo Jibaja*
Tipografía: *www.Blomerus.org*
Diseño de la portada: *Don Bailey*
Fotos de la portada: *Vintage Stock*

ISBN: 978-1-60255-076-6

Impreso en Estados Unidos de América

08 09 10 11 12 BTY 8 7 6 5 4 3 2 1

*Para Mary y Maximilian,
con gratitud por sus ejemplos
y oraciones inspiradoras.*

contenido

introducción

La castidad, al igual que yo, ha sufrido de mala reputación por mucho tiempo, sólo que en el caso de la castidad, no se lo merecía.

Para mí, comenzó como un experimento. Había cumplido alrededor de treinta y cinco años. Sabía que quería estar casada. También sabía que el sexo al estilo Nueva York, cediendo a los impulsos y tentaciones, precipitándose a tener sexo con la esperanza de que se convierta en amor, o usando el sexo con la esperanza de obtener un compromiso, no estaba funcionando. Me veía deslizándome en la resbalosa pendiente del cinismo, resentimiento, y soledad.

La ventaja inmediata de la castidad fue un sentido de control. Es cierto, mi lado cínico, el cual estaba reprimido pero no extinguido, me hubiera hecho creer que lo que parecía dominio propio era en verdad el no poder lograr salir con un chico. Pero en realidad, sabía que a menudo pasaba de largo oportunidades de tener sexo que las hubiera aprovechado en los días en que mi deseo principal era aliviar mi soledad.

A medida que pasaba el tiempo, sin embargo, apareció otra ventaja más clara. Era comprender que todo el sexo que había tenido, con y sin relaciones amorosas, nunca me acercó al matrimonio o incluso a ser capaz de sostener una relación comprometida.

¿Cómo iba a conocer algo mejor? Había seguido la regla *Cosmo*, la cual también es la regla de *Sex and the City* y en realidad la Regla Universal de la Persona Soltera en nuestra era secular: «El sexo debe impulsar la relación». Esta regla también se puede expresar como: «Hablaremos de eso en la cama».

Pero es peor que eso. Al ver al sexo como medio para lograr un fin en vez del fruto de una relación amorosa, me volví incapaz de *tener* una relación amorosa.

El amor, el amor verdadero que viene de Dios, requiere motivos puros. No hay duda de que ante los ojos de Dios el sexo es algo bueno y, como lo explicaré en el capítulo 7, hablando así me quedo corta. Lo que no es bueno es tenerlo por las razones equivocadas, como el considerar la mente, espíritu, o cuerpo de otra persona como algo que poseer o disfrutar, en vez de la persona completa como *alguien* a quien amar activamente.

Esta objetivación puede ser inconsciente. Sé que nunca intencionalmente traté de usar a nadie. Pero somos juzgados por nuestro fruto. El fruto del sexo casual es el hábito persistente de objetivar a las parejas sexualmente, hasta el punto de ser incapaz de percibir a la gente excepto en términos de cómo se relacionan a nuestras necesidades y deseos.

Cuando comencé este hábito placentero de la castidad hace tres años, o incluso hoy día, a la hora de dormir cuando trato de dejar de fantasear con alguien que me encantaría objetivar, me preguntaba, usando las palabras de los discípulos de Jesús: «¿Quién, pues, podrá ser salvo?» (Marcos 10.26).

La respuesta de Jesús a esa pregunta continúa siendo tan misteriosa y tentadora hoy como lo fue hace casi dos mil años: «Para los hombres es imposible, mas para Dios, no; porque todas las cosas son posibles para Dios» (10.27).

Cuando le pedimos ayuda a Dios, Él nos da más gracia, conocimiento, sabiduría, y entendimiento espiritual. La mayor parte del tiempo, sólo nos da luz suficiente para mostrarnos el siguiente paso. Pero en tiempos de prueba y tentación, eso puede ser todo lo necesario para atravesar las tinieblas con seguridad.

En este momento no tengo a alguien que podría ser mi enamorado, pero aun así, creo que ahora mismo estoy más cerca que nunca de estar no sólo casada sino *felizmente* casada.

Estoy segura que eso suena extremadamente optimista, si no tremendamente irracional, para los que creen que la única manera de casarse es estar disponible sexualmente. Sin embargo, puedo escribir con autoridad, porque he experimentado el sexo sin haberme casado y he experimentado la castidad, y sé qué es lo que está en el centro de ambos.

Ambas experiencias están centradas en una especie de fe. Una de ellas, el sexo antes del matrimonio, depende de la fe de que un hombre que no ha mostrado tener fe en usted, esto es, no la fe suficiente para comprometerse con usted para toda la vida, recapacitará por medio de la fuerza persuasiva de su afecto físico. Esto obliga a seguir un conjunto de reglas sociales: vestirse y actuar de cierta manera para ganarle a otras mujeres que están compitiendo para conseguir compañeros. Un hombre que es atraído por usted al fin y al cabo conocerá quién es usted en realidad, pero para entonces, si todo sale según las reglas, sus anzuelos estarán muy metidos como para que él escape.

La otra experiencia, la castidad, depende de la fe de que Dios, a medida que usted siga en pos de un caminar más estrecho con él, le guiará a un esposo amoroso. La castidad abre su mundo, permitiéndole alcanzar su potencial creativo y espiritual sin la presión de tener que participar en el juego de tener citas amorosas. Su esposo la amará por lo que es: su corazón, mente, cuerpo, y alma.

Si tengo que escoger entre estas dos actitudes, las cuales requieren que vea más allá de la realidad presente, yo escojo la que tiene un fundamento sólido. El fundamento de la castidad es fe en Dios, la clase de fe que la Escritura dice que «es la certeza de lo que se espera, la convicción de lo que no se ve» (Hebreos 11.1). Su fe actúa como puerta a la gracia de Dios, lo cual hace posible que Él le dé fortaleza y resistencia mayores que las que podría imaginar tener por su propia cuenta.

Quizás usted, como yo, no tiene a un hombre especial en su vida en este momento. Aun así, cuando se reviste de castidad, descubrirá una vida más llena de esperanza, más vibrante, más *real* que cualquier cosa que podría haber experimentado cuando ha tenido sexo fuera del matrimonio. *Esa* es la aventura de la castidad.

uno
no la misma cosa de siempre

Muy de noche, caminando a casa de mi trabajo en el periódico,
pasé por un Johnny Rockets, la cadena de restaurantes de hambur-
guesas al estilo de los años cincuenta, justo cuando estaba cerrando.
Mientras que los meseros aburridos con sus uniformes almidonados
blancos y gorras que hacían juego limpiaban las mesas de cromo, la
última canción de la rocola crujía desde los parlantes externos hasta las
calles desiertas: la canción de las Shirelles: «¿Me amarás mañana?»

La canción me trajo recuerdos agridulces, más amargos que dulces.
Como muchas canciones de esa época más inocente, «¿Me amarás
mañana?» expresa sentimientos que la mayoría de la gente estaría
demasiado avergonzada como para verbalizarlos. Hay algo doloroso
en la manera en que la heroína vulnerable de la canción se descubre
totalmente. No está buscando afirmación sino más bien absolución.
Todo lo que tiene que hacer su hombre es decir que la ama, entonces
una noche de pecado se transforma en una cosa de belleza.

¿Cree usted que tiene el derecho de poseer una ametralladora Uzi?
Si es un defensor acérrimo de la Segunda Enmienda, quizás, después

de todo, el derecho a portar armas está en la Constitución de Estados Unidos. Pero tener el derecho de poseer una no significa que usted necesariamente lo deba hacer, y pueda que no le guste vivir en un sitio donde la gente las lleve por todos lados.

Asimismo, la búsqueda de la felicidad está en la Constitución, y es seguro decir que muchas mujeres solteras en el área de la ciudad de Nueva York donde vivo creen que parte de ese derecho es una vida sexual activa. Revistas como *Cosmopolitan*, muchos programas de televisión desde *Oprah* para abajo, así como películas, libros, y canciones pop instan a las solteras a que obtengan el placer sexual que se merecen. Aunque se celebra el amor, a las mujeres se les dice que un «enganche» sexual satisfactorio no requiere amor, sólo respeto. Si «R-E-S-P-E-T-O» bastó para la cantante de soul de los años sesenta, Aretha Franklin, se supone que también baste para nosotros.

Los frutos de este aceptado estilo de vida de la mujer soltera se parecen a los de una adicción a las drogas más que a un paradigma para las citas amorosas. En un círculo vicioso, las mujeres solteras se sienten solas porque no son amadas, así que tienen sexo casual con hombres que no las aman.

Esa era mi vida.

A los veinte años de edad, cuando todavía era una virgen, perdí a mi querido enamorado a causa de una amiga experimentada sexualmente que lo sedujo. Él había sido un pretendiente a larga distancia por dos años, y yo había soñado con que estuviera viviendo cerca de mí. Cuando finalmente se mudó a la ciudad de Nueva York, justo cruzando el Central Park desde mi apartamento, lo celebramos juntos. Luego, apenas un mes después, me dio la noticia de que estaba rompiendo conmigo. En ese momento negó que hubiera otra mujer, pero al final me admitió que había mentido, esperando que mi decepción no fuera tan dura. Resultó que mi amiga había hecho avances con él, y él me dejó por ella.

El golpe demoledor me convenció de que tenía que obtener experiencia si quería retener a un hombre. Terminé perdiendo mi virginidad con un hombre que me pareció atractivo pero que no amaba, sólo para cumplir con las formalidades.

Una vez que gané experiencia, en lugar de sentirme supremamente confiada en mí misma, me volví más insegura. Aprendí que si jugaba mis cartas correctamente, podía llevar a la cama a casi cualquier hombre que quisiera, pero cuando se refería a conseguir un enamorado, las cosas siempre estaban en mi contra.

No importa lo mucho que lo intentara, no podía transformar un encuentro sexual, o una serie de encuentros, en una relación real. Lo más que podía esperar, parecía, era tener a un hombre que me tratara con «respeto», pero que realmente no se iba a preocupar por mí una vez que pagáramos a medias la cuenta del desayuno.

Eso no quiere decir que no haya conocido hombres simpáticos cuando tenía citas amorosas casuales con ellos. Sí, los conocí, pero parecían aburridos, como a menudo suelen ser los simpáticos cuando una está acostumbrada a los de acción, o estropeé la relación floreciente tratando de precipitar las cosas.

No me juzguen mal; yo no era insaciable. Era insegura.

Cuando usted es insegura, tiene temor a perder el control. En mi caso, la forma principal en que creía que podía controlar una relación era ya sea introduciendo un componente sexual o permitiendo que mi enamorado lo hiciera. De cualquier manera, terminaba sola e infeliz, pero no sabía de qué otra forma conducir una relación. Me sentía atrapada en un estilo de vida que no me daba ninguna de las cosas que los medios de comunicación y la sabiduría popular prometían que lo haría.

Algunos amigos y familiares, tratando de ser útiles, me aconsejaban que sencillamente dejara de buscar. Me las ingenié para dejar de buscar, a veces durante meses de golpe, pero, cuando conocía a un posible enamorado, yo una vez más reducía la relación al denominador común más bajo.

Odiaba la aparente inevitabilidad de todo ello, cómo todos mis intentos de tener relaciones se estrellaban y quemaban, no obstante, de manera extraña, parecía ser algo seguro. Al acelerar las cosas sexualmente, estaba evitando ser rechazada, o peor, ignorada, si me movía demasiado lenta. Y después de todo, si iba a ser rechazada de cualquier modo, creía que por lo menos debía sacarle algo, aunque fuera una noche de sexo.

Todo suena terriblemente cínico, ahora que lo pienso, y así fue. Yo estaba solitaria y deprimida, y me había metido en un callejón sin salida.

En octubre de 1999, a los treintiún años de edad, mi vida cambió radicalmente cuando, después de ser una judía agnóstica durante toda mi vida adulta, tuve lo que los cristianos llaman una experiencia del nuevo nacimiento. Había leído los Evangelios, y durante mucho tiempo creí que Jesús fue un hombre bueno. Lo que me cambió fue el darme cuenta por primera vez que Él era más que un hombre, Él era verdaderamente el Hijo de Dios.

Con mi recién descubierta fe cristiana vino una repentina toma de conciencia de que necesitaba «seguir el programa», especialmente en lo que se refería a mi vida sexual. Pero aun sabiendo lo que tenía que hacer, me faltaba mucho entre darme cuenta lo que estaba mal con mi conducta y realmente cambiarla.

Gracias a Dios, con el transcurso del tiempo, hallé que cuando era tentada a regresar al círculo vicioso (conocer a un hombre intrigante/ tener sexo/ botarlo o ser botada/ repetir), surgía una idea nueva que me hacía pensar, un antídoto para el principio del placer. Lo llamo el principio del mañana.

Toda mi vida adulta he tenido problemas con mi peso. Cuando camino a casa al final del día, no hay nada que quiera más que una bolsa de Cheez Doodles o pelotitas de leche malteada. Si estoy tratando de perder peso, lo cual es casi siempre, es difícil, realmente difícil pensar por qué no puedo tener lo que tanto quiero.

El diablito que está sobre mi hombro izquierdo está diciendo: «Come Cheez Doodles. Estarás satisfecha, y no subirás de peso. Incluso si subes, será menos de una libra, la puedes bajar al día siguiente».

¿Y sabe qué? Él tiene razón. Si lo miro por sí solo, una indiscreción no va a causar un daño que no se pueda arreglar.

Luego habla el angelito que está sobre mi hombro derecho. —Ajá. Si compras esos Cheez Doodles, sabes lo que va a suceder.

—¿Dejaré huellas digitales color naranja en las páginas de la novela que voy a leer esta noche?— replico.

El ángel deja pasar esas palabras. —Los comprarás de nuevo mañana en la noche —me fastidia—. Y la siguiente noche.

—¿Recuerdas lo que sucedió en el otoño en tu primer año en la escuela secundaria —prosigue el ángel—, cuando los clubes estudiantiles tenían ventas de pasteles después de clases todos los días? ¿Recuerdas cómo descubriste que si esperabas lo suficiente, todos los dulces bajaban de precio hasta poder conseguir cinco galletas Toll House por veinticinco centavos?

—Por favor —gimo. Sé a dónde se dirige esto. El diablo en mi hombro izquierdo está jalando mi cabello hacia el pasillo donde están los bocaditos.

—¿Y recuerdas —continúa el ángel, oliendo la victoria—, cómo tus pantalones vaquero te apretaban más y más? Y tenías que…

—Lo *sé* —digo exasperadamente.

—Tenías que acostarte para subirte el cierre —dice triunfante-
mente—. Al final, uno por uno, reventaste el cierre a *todos los pares de
pantalones vaquero que tenías.*

A esas alturas, el diablo generalmente ya ha huido, y me quedo
buscando un pastelito lindo, seco, sin grasa, alto en fibra. Pero no estoy
contenta. Al contrario, me siento privada.

Así es como solía sentirme antes de entender el significado de la
castidad, cuando estaba siguiendo el consejo de amigos y familiares de
«dejar de buscar». Sabía algunas de las razones negativas para dejar de
salir con hombres que querían sexo casual, esos encuentros me hacían
sentir usada y me dejaban más sola que antes, pero me faltaban razones
positivas.

Bajar de peso sin sentirse privada requiere más que escuchar las
advertencias del ángel en mi hombro. Requiere una visión positiva.
Tengo que imaginarme cómo me veré y sentiré en un futuro distante:
no sólo mañana, sino mañana y mañana y mañana. Tengo que ampliar
mi perspectiva y ver el efecto acumulado de la tentación: cada vez que
cedo, disminuye mi resistencia, pero cada vez que resisto, soy más
fuerte.

El principio del mañana requiere que esa visión pueda ver cómo
la castidad me va a ayudar a convertirme en la mujer fuerte, sensible,
confiada que tanto anhelo ser. Odio actuar por desesperación, sintiendo
como si tengo que dar algo de mí físicamente porque es la única
manera de alcanzar a un hombre emocionalmente. Y odio sentirme
tan sola que tengo que aceptar caricias y besos de un hombre que esencialmente me ve como un trozo de carne, un raro y atractivo pedazo
de carne, merecedor de todo el respeto, pero que sigue siendo carne.
Anhelo con todo mi corazón poder mirar más allá de mis deseos inme-
diatos, conduciéndome con la gracia y sabiduría que al final me dará
satisfacción no sólo una noche sino toda una vida.

La primera vez que descubrí el valor del principio del mañana fue a altas horas de una noche en la primavera del 2002, mientras me preparaba para salir de una fiesta en un apartamento de Brooklyn. El anfitrión, Steve, un músico extravagante con un rostro tímido de cachorrito como de la estrella del programa de televisión *Friends*, David Schwimmer, o Dustin Hoffman de la época del *Graduado,* era un conocido de años, aunque no muy cercano. Por mucho tiempo tuvimos un ligero coqueteo, pero no pasó a más porque realmente no teníamos mucho en común excepto la atracción física. Así que me tomó de sorpresa cuando me preguntó si me gustaría pasar la noche con él.

Lo primero que me pasó por la mente fue una imagen del largo, aterrorizador y nocturno viaje a casa por el subterráneo, contrastado con la atracción de compartir la cama de Steve. Pensé en cómo me besaría, y cómo bromearíamos y nos reiríamos tontamente al experimentar la novedad de estar desnudos juntos. En mi mente, podía ver la silueta de sus hombros en contra de la luz gris de la mañana filtrándose por las cortinas durante la hora del día en que su bullicioso vecindario se volvía silencioso.

Eran cosas como esas, la camaradería fácil, el rompimiento de límites, los momentos románticos fugaces, que realmente esperaba con muchas ganas de los encuentros sexuales casuales. El sexo en sí, sabía yo, podía salir bien o no.

Mientras mi mente consideraba las posibilidades, recordé que mi situación espiritual había cambiado desde la última vez que había recibido una oferta así. Ahora era una bebé cristiana, recién nacida, y sabía que quería que mi vida reflejara mi fe. Pero lo que me hizo decir no a Steve no fue la fuerza de convicción. Fue otra visión que pasó por mi mente, más aguda que la primera, como si en realidad hubiera sucedido.

En esa visión, me vi a mí misma y a Steve al día siguiente, en una cafetería. No era Johnny Rockets, sino una cafetería genuina, anticuada, barata y de comida grasosa de su vecindario. Yo estaba usando los mismos pantalones vaqueros y la blusa de terciopelo morado que había usado en la fiesta. Mi cabello todavía estaba un poquito mojado por haberme bañado, y estaba un poco desgreñado —no queda bien si no uso acondicionador.

Estábamos tomando el desayuno y tratando de hablar de algo superficial, como si por casualidad nos hubiéramos encontrado un domingo a las 10:00 a.m. Delante de mí estaba el mismo plato matutino que siempre pido en una cafetería de Nueva York: huevos escalfados encima de una tostada de centeno, sin papas, y un café con leche desgrasada.

La imagen era patética.

La simple idea de un desayuno incómodo más a la mañana siguiente, mi desamorosa pareja desbordando de «respeto», esto es, lo que se considera como respeto en el mundo de las citas amorosas casuales («Aún te respetaré en la mañana»), era más de lo que podía soportar.

Pero la visión también tenía una característica más insidiosa, que sólo la puedo calificar de grotesca. Aquí estaba, tan exigente que insistí en cuatro especificaciones diferentes de mi desayuno en la cafetería. Sin embargo, ¿no podía mantenerme firme por el hombre con quien podía compartir *todos* los desayunos por el resto de mi vida?

La canción de las Shirelles: «¿Me amarás mañana?» sugiere que una noche de sexo se redime si la pareja declara que se ama mutuamente después de haber hecho el acto. El concepto también es un tema popular en las novelas de romance, programas de TV, y películas —recuerde *Pretty Woman*. La gente acepta esa fantasía porque quieren creer que objetivar a otra persona es perdonable.

No obstante, en mi visión del desayuno con Steve, aun si él repentinamente profesara su amor eterno mientras masticaba mi huevo con tostada, no cambiaría la decisión que había tomado la noche anterior: acostarme con él no porque lo amaba, sino porque podía. Y entonces me di cuenta que si acababa amándolo, no cambiaría el hecho de que doce horas antes me había propuesto usarlo y ser usada.

Si alguna vez nos casáramos, esa sería nuestra historia: nos conocimos sin ser buenos amigos, «nos enganchamos» una noche después de haber tomado unos cuantos tragos, y nos enamoramos.

De algún modo, no creo que esa sea una receta para un matrimonio duradero. Si tener sexo conmigo fuera suficiente para hacer que mi esposo se enamorara de mí, él podría proseguir a tener sexo con otra mujer y enamorarse de ella también.

Asimismo, si se me convenciera tan fácilmente con un revolcón en el pasto, estaría sujeta a escaparme con el proverbial hombre que reparte pizzas. Pero eso es tonto, yo no soy así, y sabía que no tenía más posibilidades de enamorarme de Steve después de tener sexo que en ese momento. Sin embargo, me sentiría más apegada a él, incluso si eso no era amor. El sexo me produce eso sea mi voluntad o no; es parte de la manera en que fui diseñada como mujer. Ese sentido de apegue haría mucho más difícil la separación después del desayuno.

Una vez que entró a mi mente esa imagen, la decisión era clara.

Agradecí a Steve por la encantadora fiesta y me fui. En algún momento de mi viaje de medianoche desde las calles de Brooklyn hasta mi apartamento en Nueva Jersey, creo que lloré. Rechazar la intimidad, incluso la equivocada, puede golpear fuerte cuando uno está regresando a una casa vacía.

Pero no lo lamento. Y he vivido de acuerdo al principio del mañana desde entonces.

Si tienes que preguntarle a alguien si aún te amará mañana, entonces él no te ama esta noche.

dos

sexo y el ingenio:
fastidiando a la castidad

El primer período en mi vida adulta en que fui casta a propósito, y por casta, quiero decir no participar en mucho más que un beso por aquí y por allá («aquí» y «allá» estaban ubicados en mis labios), duró un poquito más de dos años, desde el 2000 hasta todo el 2001. Las razones fueron las mismas de ahora: un deseo de permanecer pura para mi esposo, y una aversión a la objetivación y la compartimentación que requiere el sexo casual.

Cuando ahora recuerdo esos dos años, sólo me vienen a la mente dos etapas:

1. La etapa que dice: «En verdad, estoy bien; están sucediendo tantas cosas buenas en mi vida, y Dios es bueno, Él me ha quitado mi gran anhelo, lo cual es algo que no podía hacer por mí misma».

2. La etapa de «treparme por las paredes».

Según recuerdo, la etapa de «treparme por las paredes» duró el comienzo y el final de los dos años, mientras que la etapa «estoy bien» duró los preciosos meses del medio.

Ahora que nuevamente estoy siguiendo la ruta de la castidad, encuentro que mi memoria simplificó demasiado las cosas. Dentro de esas dos etapas hay miles de subdivisiones.

La subdivisión en la que me encuentro ahora mismo es la de «Este es un chiste», pero antes que se adelante a las conclusiones, permítame explicar.

Me he dado cuenta que hay una diferencia entre la soledad y la frustración que siento ahora y la que sentía desde mi adolescencia hasta los primeros años de mi tercera década, antes de tener fe en Cristo. En ese entonces, yo creía que la vida era un chiste, y que el chiste era a mis expensas.

Ahora, me doy cuenta que la vida como mujer soltera casta es en verdad un chiste, y que yo estoy dentro de él.

Hay tanto del cristianismo que se refiere a paradojas, como la de Jesús diciendo: «Porque todo el que quiera salvar su vida, la perderá; y todo el que pierda su vida por causa de mí, la hallará» (Mateo 16.25), o Dios diciendo a Pablo: «Mi poder se perfecciona en la debilidad» (2 Corintios 12.9). Hay una absurdidad cósmica en ser un alma inmaterial en un cuerpo material, una criatura impulsada por el Espíritu en un mundo impulsado por la carne.

Así también, me parece absurdo que sea quien soy: cerca de treinta y cinco años de edad y aún soltera. Que voy a fiestas sin una pareja. Y que mi soltería sea al final por decisión propia, porque tengo una idea definitiva de la clase de hombre que busco, y que no lo he encontrado todavía.

Es absurdo, porque así no es como funciona el mundo. Si usted es mujer, se supone que esté casada para cuando tenga sus treinta años. Y si no está casada, se supone que, en las palabras de un eslogan de un sitio web de anuncios personales, «haga que sus amigas casadas se pongan celosas», compensando su aislamiento por medio de encuentros sexuales casuales cínicos, como las almas perdidas del programa televisivo *Sex and the City* [El sexo y la ciudad].

Ante los ojos de la heroína de *Sex and the City*, Carrie Bradshaw y sus amigas, y mucho de la cultura que hizo que el libro de la autora Candace Bushnell y el programa de TV sean famosos, una mujer soltera que elige la castidad en vez de, digamos, un desliz furtivo con un guapo hedonista, es una masoquista, mojigata, o simplemente le falta un tornillo.

A veces me pregunto a mí misma por qué lo hago. Es difícil dejar pasar oportunidades de tener sexo libre. Cuando hay enamorado, como lo tuve por seis meses el año pasado, es aun más difícil recordar por qué me es importante permanecer casta hasta el matrimonio.

La incongruencia de la situación es aun más sorprendente cuando pienso cómo hubiera sido mi vida si hubiera nacido en la época de mi madre. Claro, hubo «chicas malas» en los años cincuenta, pero reservar el sexo para el matrimonio era considerado como una meta digna y alcanzable.

¡Piénselo! La chica encantadora de Estados Unidos era Doris Day, la cantante y actriz rubia sexy que, en las palabras del crítico de películas David Thomson: «hizo el papel de mujer profesional que actuaba como una ingenua tímida en lo que se suponía que eran comedias sofisticadas».[1]

Durante la época de las películas más populares de Day, los años cincuenta hasta mediados de los sesenta, su pureza en la pantalla era tan legendaria que el sabio de Hollywood, Oscar Levant, bromeaba diciendo: «Conocí a Doris Day antes de que fuera una virgen».[2] Sin embargo, el público no la quería de ninguna otra forma. Las mujeres adoraban cómo Day aparecía atrevida, independiente, dispuesta a tomar riesgos, y totalmente en control de sí misma. Los hombres sencillamente la adoraban.

Fue la última vez en que la castidad estuvo de moda.

Ahora en el siglo XXI, tratar de ser como Doris Day, sexy pero modesta, confiada pero humilde, alegre pero profunda, está sencillamente fuera de onda. Sin embargo, es tan fuera de onda que se le considera descaradamente *subversivo*.

Aunque los expertos se burlaron rápidamente de la supuesta pureza de Day, una cosa que nunca la llamaron fue «célibe».

En los años cincuenta, sólo los sacerdotes católicos y otros religiosos eran «célibes». Aquellos que reservaban el sexo para el matrimonio eran «vírgenes» o simplemente «castos».

«Célibe» vino a reemplazar a «casto» durante la revolución sexual de los años sesenta y setenta, mientras que la gente perdía de vista lo que era la castidad.

Después de todo, el celibato era fácil de entender y aun más fácil de satirizar. Los célibes no tienen sexo. Punto.

En los últimos años, el celibato llegó a ser usado como escudo por artistas pop que no estaban dispuestos a «descubrirse». Cuando estaba en la universidad, le pregunté a mi amiga Luba, quien estaba enamorada de la primera voz del grupo The Smiths, Morrissey, qué le parecía que su ídolo fuera un icono homosexual.

«Él no es *homosexual*», dijo a la defensiva. «Él ha dicho que es *célibe*». Comparado con el celibato, el concepto de castidad contiene matices que son completamente confusos para la mente moderna. Su propia naturaleza va contra creencias popularmente sostenidas acerca no sólo del sexo sino de la voluntad humana en general.

Entonces, ¿qué es exactamente la castidad si no simplemente abstenerse de tener sexo? La mejor definición corta que he visto es la del doctor Mark Lowery, profesor asociado de teología de la Universidad de Dallas. Él dice que es «aquella virtud por medio de la cual estamos en control de nuestro apetito sexual en vez de que éste sea el que esté en control de nosotros».[3]

En un sentido más amplio, la castidad es ver a su naturaleza sexual como parte de un triángulo amoroso —y no, no es como suena. La relación es entre usted, su esposo (o, si no está casada, su futuro esposo) y Dios. Eso significa que si usted tiene sexo sin una de las esquinas del triángulo en su lugar, ya sea con un hombre que no es su esposo, o con su esposo pero sin fe en Dios, el acto se desconecta de su propósito.

Esta desconexión conduce a lo que el escritor John Zmirak ha llamado una especie de bulimia espiritual.[4] Al intentar escapar de la soledad, aceptamos un acto sexual privado de nutrición espiritual. Esa nutrición sólo puede venir de la unión de dos almas permanentemente comprometidas.

No puedo hablar por los hombres, pero sé por experiencia que, para una mujer, el sentimiento de desconexión que trae el sexo prematrimonial puede ser emocionalmente desastroso. Cuando usted tiene relaciones sexuales fuera de la unión esencial entre usted, su esposo, y Dios, en realidad se tiene sexo sólo consigo misma. Está proyectando sus propias esperanzas y sueños sobre su pareja sexual y se está acomodando para un desengaño.

Yo sé esto porque el mejor sexo que tuve fue con un hombre que no me amaba, y que perdió interés en mí inmediatamente después.

Había estado saliendo con «Jasper» intermitentemente durante varios meses, siempre esperando que él se pusiera en serio. Parecía que él me consideraba sólo como una amiga para pasar un buen rato, una cara bonita que podía llevar a cenar e impresionar con historias de su trabajo de alto vuelo en los medios de comunicación.

Muy al fondo, sabía que Jasper era demasiado distante y demasiado jactancioso como para que me abriera su corazón. Pero, quizás en parte porque mi padre estuvo ausente durante mi niñez, siempre he sentido cierta atracción por hombres distantes. Sentí que si me podía ganar a Jasper, me daría de algún modo un sentido de validez personal.

Cuando llegó su cumpleaños, lo tomé como una oportunidad para preguntarle a Jasper si podía *sacarlo* a cenar. Fuimos a una churrasquería de su vecindario, y no sé cómo pero decidimos juntos que después yo pasaría la noche en su apartamento. (No puedo recordar exactamente lo que se dijo, pero estoy segura que estaba insinuando ampliamente que no objetaría si me invitaba a pasar la noche con él.) *Por fin*, pensé, *llegó mi oportunidad*.

Él no fue un gran amante. De algún modo sabía que no lo sería. Cuando salíamos, parecía que nunca le interesaba si me estaba divirtiendo. Pero cuando tuvimos sexo, algo me sucedió. Me sentí físicamente... *diferente*. No como si fuéramos sólo dos cuerpos separados. Fue como si nos completáramos mutuamente. El sentimiento trajo una sensación de euforia, afectándome de una manera que, pensé, era intensamente espiritual.

Toda la experiencia me pareció desconcertante, porque muy al fondo estaba consciente de que incluso si Jasper decidiera querer tener una relación comprometida, él no era capaz de ser la clase de enamorado que necesitaba. No era el tipo de los que dan de sí mismos. Al saber que no había una conexión espiritual verdadera entre nosotros, y sin embargo sentir una conexión al tener sexo, me era sumamente confuso.

La conducta subsiguiente de Jasper confirmó mis temores. Desde el momento en que salí de su apartamento, se condujo como si nuestra noche juntos nunca hubiera sucedido.

Entonces, ¿por qué sentí lo que sentí cuando Jasper y yo tuvimos sexo? ¿Por qué todavía extraño ese sentimiento, a pesar de que realmente no lo extraño a él?

Porque realmente no estaba teniendo sexo con él; yo estaba teniendo sexo con mi fantasía de él. La mera impresión de llegar a tener relaciones físicamente íntimas con un hombre que había actuado tan distante me hacía imaginar una intimidad emocional que en realidad no existía.

La única manera en que usted puede realmente hacer el amor es si había amor al comienzo, la clase de amor eterno, dejando a un lado todas las otras clases.

La castidad, entonces, no sólo es para los solteros. Es una disciplina de toda una vida. Dentro del matrimonio, nos permite experimentar la plenitud de la unión conyugal. Pero ese no es un mensaje que usted va a escuchar en la mayoría de programas televisivos, o leer en *Cosmo*, y por cierto no es el que muchos adolescentes están recibiendo en las escuelas. En una cultura de aula que desanima las expresiones públicas de fe, a los adolescentes se les enseña en cambio, en el currículo de educación sexual desarrollado por organizaciones como Planned Parenthood, que las hormonas son el destino.

Durante varios años, Planned Parenthood y sus aliados han estado haciendo campaña en contra de la educación de la abstinencia, porque creen que es cruel esperar que los jóvenes venzan sus impulsos. En cambio, tratan a los adolescentes como si fueran autómatas, incapaces de tomar decisiones morales por sí mismos.

En este extraño universo paralelo, el cual, tristemente, se ha convertido en realidad para muchos de los jóvenes de hoy, el bien y el mal se han redefinido. Ya no es malo permitir que uno use y sea usado sexualmente. El único pecado es dejar de «protegerse» al no usar un condón u otro método anticonceptivo.

Los niños aprenden lo que ven en los adultos, y los adultos de hoy están muy dispuestos a no asumir responsabilidad moral alguna. La castidad elogiada de Doris Day fue fruto de miles de años de tradición judeocristiana. Una vez que la fe perdió su lugar en la cultura moderna, como sucedió a mediados de los años sesenta, cuando la portada de la revista *Time* preguntó: «¿Está muerto Dios?», el concepto de castidad se volvió más que irrelevante. Era incomprensible.

Pero la castidad no desapareció. Como los primeros cristianos en las catacumbas romanas, pasó a la clandestinidad. Hoy, mientras los frutos de la revolución sexual comprueban ser la soledad, el divorcio, y la enfermedad, la castidad no sólo está de regreso, es la *nueva* revolución. Tan fuera de lo común que ahora está de moda.

Ser casta es un desafío atrevido para la cultura moderna, porque demuestra que las personas no son autómatas sino seres humanos con libre albedrío, capaces de controlar quiénes y qué son.

El símbolo de los primeros cristianos era un pez, quizás porque Jesús dijo que haría a Sus discípulos «pescadores de hombres» (Mateo 4.19), y, como el salmón que nada contra la corriente, se nos encomienda que vayamos en contra de la corriente. Batallo en contra de la corriente porque es la única manera correcta de usar la vida abundante que me ha sido dada. Como escribió G. K. Chesterton: «Algo que está muerto puede ir con la corriente, pero sólo algo que está vivo puede ir en contra de ella».[5]

Hay una parodia de Monty Python que representa al ejército británico de la época de la Segunda Guerra Mundial usando una «broma mortal» contra los alemanes, una broma que literalmente destruye a todo el que la escucha. Considero que la fe es lo opuesto: una broma que, cuando se está dentro de ella, lo aviva, mientras que todos los que no están en ella perecen.

¿Qué es una broma, después de todo, sino algo que lo hace sonreír, por lo menos la primera vez que lo escucha? Es como una fragancia dulce, como escribió el apóstol Pablo: «Porque para Dios somos grato olor de Cristo en los que se salvan, y en los que se pierden; a éstos ciertamente olor de muerte para muerte, y a aquéllos olor de vida para vida» (2 Corintios 2.15-16).

En otras palabras, algunas personas lo entienden, y otras no. La fe, como el humor, se trata de tener un sentido de absurdidad, y de sentir muy al fondo que la gente que se jacta es la misma gente que necesita bajar uno o dos niveles. *Especialmente* si esa «gente» es uno mismo.

Hace un siglo, el periódico *Times of London* [Tiempos de Londres], después de publicar una serie de artículos titulados «¿Qué hay de malo en el mundo?» recibió esta carta:

Estimado Señor: Referente a su artículo «¿Qué hay de malo en el mundo?» Yo.

Sinceramente,
G. K. CHESTERTON

Para algunos de mis amigos, cuando hablo acerca de mi fe, soy como el grosero de las fiestas que se mantiene repitiendo la misma broma aburrida y ofensiva. Ojalá entendieran que a pesar de lo moralista que pueda parecer yo, la verdad es que no sólo estoy en la broma, sino que, como Chesterton, también soy la parte chistosa.

Lo gracioso es, que ahora que entiendo el significado del chiste, no lo dejaría por nada.

Chesterton escribió en *Orthodoxy* [Ortodoxia] que él sospechaba que «había algo que Jesús ocultó a todos los hombres cuando subió al monte a orar».

«Había algo que cubría constantemente con silencio abrupto o aislamiento impetuoso», Chesterton prosiguió. «Había algo demasiado grande para Dios como para mostrarnos cuando caminó sobre nuestra tierra; y a veces me he imaginado que era Su regocijo».

tres
convirtiéndose en
una sensación singular

Una universidad de la ciudad de Nueva York recientemente ofreció a estudiantes de educación para adultos un curso sobre «La vida de soltero».

«Ahora, más que nunca, el estilo de vida del soltero se ve como una alternativa viable y atractiva para hombres y mujeres», leía la descripción del curso. «Ya sea que se encuentren solteros nuevamente, o que sigan aún solteros, muchos adultos no se sienten completamente cómodos volando en solitario, o con confianza en su habilidad de hacerlo exitosamente. Los temas incluyen: viendo al mundo contemporáneo, relacionándose con parejas; las citas amorosas, cómo ser parte de ellas (o no); y cómo atacar la tristeza que a veces surge. Enriquezca su vida con recursos sobre qué leer, buscar, reflexionar, y conversar para ganar confianza en la vida de soltero».

Como nota final, la descripción añadía: «No se darán calificaciones por este curso».

¡Uf! Qué alivio. Después de obtener su certificado en «La vida de soltero», ¿no detestaría tener que confesarle a algún tipo que conoció en un bar que se sacó una C- en «viendo al mundo contemporáneo»?

En serio, cuando leí esa descripción promoviendo «la vida de soltero», todo parece reducirse a una sola palabra: carencia.

El paradigma de la soltería moderna es yin sin yang. La meta de la mujer soltera moderna es relacionarse con hombres desde la perspectiva soltera, y tener relaciones satisfactorias con ellos sin convertirse en parte de algo más grande que ella. Como lo hubiera dicho la generación de mis padres, ella está en su propio viaje.

Para una mujer que albergue el menor rastro de anhelo por algo más profundo, esta rutina de soltería moderna al final recae en el conocido carrusel de Bridget Jones, girando en torno a la esperanza de que el siempre distante Darcy aparezca un día y pare la música. Encuentro la mentalidad terriblemente sofocante, y creo que la mayoría de las mujeres solteras también, ellas en verdad se quejan de ello lo suficiente. Sin embargo, la mayoría parece incapaz de encontrar una alternativa.

La verdad es que hay otro camino, pero la mayoría de las mujeres no quieren pensar en ello. Da miedo salirse del carrusel cuando todavía está dando vueltas. A veces, no obstante, es la única forma de salirse de un paseo que no conduce a ningún lado.

Una mujer que tenga el valor de lanzarse a lo desconocido, arriesgando pasar por un período temporal de soledad para tener la oportunidad de alcanzar el gozo duradero, es más que una «soltera». Es *singular*. En lugar de definirse por lo que le hace falta, una relación con un hombre, ella se define por lo que tiene: una relación con Dios.

Una mujer soltera basa sus acciones en cómo éstas afectarán o no su estado careciente como soltera. Ella va a fiestas basada en si es que va a poder conocer nuevos hombres o no, si no los habrán, entonces más vale que la comida y la bebida sean de primera clase. Ella escoge amigas que asimismo se definen como solteras carecientes, reforzando, de este modo, su propio cinismo.

Pero una mujer singular basa sus acciones en cómo le van a permitir ser la persona que cree que Dios quiere que sea. Si anhela estar casada, confía que Dios tiene un plan para ella y que un esposo es parte de ese plan. Además, confía que Dios proveerá todo lo que Él ha planeado para ella si ella sigue Su voluntad para su vida, haciendo el mejor uso de los dones que se le han dado. Todavía disfrutará las fiestas y conocer a gente, pero como fines propiamente dicho, no sólo como medios para encontrar un hombre.

Una mujer soltera, al buscar un esposo, siente la necesidad de actuar de una manera coqueta, astuta, o engañosa, aun si ella normalmente nunca pensaría en intencionalmente conducir a alguien al error. De algún modo, ser reservada con un hombre dentro de los parámetros de una relación floreciente no le parece mal a ella. Asimismo, ella acepta un nivel de superficialidad del hombre con quien está saliendo que no toleraría a sus amigos. Ella no es estúpida, sino que simplemente pierde la perspectiva cuando se enfrenta a la posibilidad de una relación con compromiso. Su cerebro compartimenta el ir a citas amorosas dentro de su propia moralidad relativa: «todo se vale en el amor y la guerra».

Una mujer singular se comporta con una honestidad y falta de malicia que parece deslumbrante a un pretendiente amoroso que espera una relación superficial, y así debería de ser. Con sus palabras y acciones, ella habla un idioma más profundo, uno que sólo lo puede entender el tipo de hombre que ella anhela: uno de integridad. Tal hombre entenderá que la franqueza y falta de pretensión de la mujer singular están arraigadas en un profundo respeto por él como un hijo de Dios. Por ejemplo, Señorita Singular no le va a indicar a su pretendiente amoroso que él se encuentra en una competencia por ella si no existe tal competencia. Ella espera que él a su vez sea igualmente sincero.

Quizás la diferencia más notable entre una mujer soltera y una mujer singular es la gratitud. Debido a que la mujer soltera se define por su carencia, ella está plagada de un sentido de tristeza y resentimiento hacia lo que no tiene. Cuando le suceden cosas positivas en su vida, ella puede estar agradecida, pero también puede responder con un sentimiento de merecimiento: «Por fin, estoy consiguiendo lo que tienen todos los demás».

La mujer singular no sólo expresa más gratitud que la soltera, sino que también la expresa por diferentes cosas. No sólo es agradecida por las cosas que recibe sino por las oportunidades que tiene para *dar*. Ella conoce en su corazón el espíritu de las palabras de G. K. Chesterton: «El mundo jamás se morirá de hambre por falta de maravillas; sino por falta de maravillarse».[7]

El ser soltera la coloca dentro de una mentalidad donde se le mide por lo que hace, sea bueno o malo, por cuán buena es para atraer a los hombres, hacerse de amigos, hacer dinero, decir cosas ingeniosas, y presentar otras mercaderías sociales. Al final, su capacidad en estas áreas es finita; sólo puede hacer cierta cantidad de cosas antes de agotar sus recursos. El mundo puede que le diga que nunca se puede ser demasiado rica o delgada, pero todo lo que se requiere es mirar las vidas amorosas de las personas famosas para darse cuenta que la riqueza y la delgadez no garantizan la felicidad. (Eso no quiere decir que no estaría bien contenta de entrar en un minivestido plateado de talla 6 al estilo de los años 60 que compré por 45 dólares en lo que resultó ser el único día de mi vida en que pesé menos de 52 kilos.)

Ser singular es embarcarse en una gran excursión de descubrimiento. Su identidad ya no está limitada a cualidades que se pueden definir por casillas de un anuncio personal por Internet. Ya no es lo que usted hace, sino la persona que usted es. Por la gracia de Dios, usted se esfuerza en desarrollar cualidades internas como la empatía, paciencia, humildad, y fe a pesar de las grandes dificultades.

Esa transición no es fácil, especialmente cuando su tentación al tener alrededor a un hombre atractivo es regresar a su comportamiento de mujer soltera. Hay una familiaridad reconfortante en interactuar con otros a un nivel superficial sabiendo que ellos interactuarán con usted de la misma manera. Pero le puedo decir por experiencia que cuanto más desarrolla una identidad singular, más confiada estará alrededor de hombres y en cada área de su vida, porque estará cómoda consigo misma.

Yo pasé muchos años de mi vida siendo soltera. No tengo nada que ofrecer por ello excepto la habilidad de sacudir mi cabello de manera atractiva y un catálogo mental de mil cosas triviales que decir para llenar los momentos incómodos e insoportablemente solitarios entre tener sexo y volverme a poner mi ropa. Usted nunca ve esos momentos en la TV o las películas, porque llegan al mismo centro del pozo que el sexo casual nunca puede llenar.

Ahora que soy singular, entiendo por qué la cultura popular trata tan incesantemente de definir a las mujeres solteras como superficiales y lujuriosas en lugar de personas profundamente singulares que valorizan al matrimonio lo suficiente como para esperar insistentemente por él. Ser singular es entender el significado de la castidad, y la castidad por naturaleza va en contra de las creencias populares de la cultura en cuanto al sexo y la voluntad.

La cultura les dice a las mujeres que no se han casado que es perfectamente normal y aceptable actuar en base a nuestros deseos sexuales completamente. Sólo tenemos que tomar las medidas de precaución correctas, las físicas, como el uso del condón, y estaremos «seguras». Lo que es anormal, y hasta destructivo, ante los ojos de la cultura, es resistir esos deseos, especialmente si lo hacemos por razones morales. El concepto de postergar el placer no tiene sentido en una sociedad consumista en la que se nos dice que debemos tomar algo cuando se nos ofrece o nos arriesgamos a que desaparezca del mercado. Se nos dice que aunque los hombres van y vienen como los autobuses, el próximo puede que no te ofrezca un paseo agradable.

A la luz de esos prejuicios sociales, una mujer singular es revolucionaria. Piénselo: todo lo que se requiere es que una mujer que no se ha casado viva una vida dinámica, balanceada y feliz mientras evita tener sexo prematrimonial, y la imagen de la cultura de la solterona sin gracia se derrumba como un castillo de naipes. Por eso ser singular es tan emocionante. Es un acto de rebelión abierta: la libera de una cultura opresiva.

Si hay una cualidad que distingue al concepto de la soltería en nuestra sociedad, es el hambre. Una mujer soltera que es franca y directa acerca de su deseo de conocer a alguien se le considera una «hambrienta por los hombres». Si ha estado buscando un tiempo, se le ve como una «desesperada por el sexo» o «desesperada por afecto».

Los medios de comunicación quisieran hacerle creer que el hambre por el amor se puede satisfacer tan fácilmente como el hambre por la comida. Usted encuentra lo que le apetece, sea una rosquilla de pan o un hombre soltero, satisface su gusto, y luego prosigue con su vida diaria hasta que le vuelva a dar hambre. Pero existe, de hecho, una diferencia fundamental entre los dos deseos.

El hambre por la comida señala directamente al objeto que lo satisface. A pesar de nuestros gustos individuales, esta hambre no está dividida en formas superiores e inferiores. Sea que prefiramos comer sushi o requesón, los retorcijones de hambre son los mismos. Si comemos lo suficiente de algo, experimentaremos la sensación de estar llena.

El hambre por el amor señala *más allá* del objeto que lo satisface.

Si una mujer casada ama a su marido, su deseo de que se le corresponda su amor no se satisface simplemente porque su esposo diga que la ama. Tampoco se satisface sólo porque la trate con amabilidad o le dé regalos. Ni siquiera se satisface sólo porque, además de mostrar toda clase de devoción, él tenga sexo con ella. Todos sabemos que un cónyuge puede hacer todas estas cosas indefinidamente, y no estar enamorado.

El amor entre el esposo y la esposa, como con todas las clases de amor, se satisface sólo cuando ambos juntos miran más allá de lo externo y descubren que algo que no pueden describir los une. Ese algo, yo creo, es el propio amor de Dios, y puede llamarse verdaderamente una muestra del cielo. Es el alimento que más nos apetece, aun cuando nuestros deseos nos dicen que un compañero anhelado tiene la promesa de satisfacernos.

Cuando Jesús vio a la mujer samaritana acercarse al pozo donde estaba sentado y le dijo que Él podía darle «agua viva», la mujer primero pensó que simplemente le estaba ofreciendo satisfacer su sed física.

Sé cómo se sintió. Cuando usted está acostumbrada a ser tratada de acuerdo a lo útil que es, y a tratar a otros de la misma manera, sus expectativas son bajas. Usted también disminuye su capacidad de dar de sí misma, porque pierde su perspectiva de las cualidades que son verdaderamente valiosas; lo que Pablo llama el «fruto del Espíritu» (Gálatas 5.22).

De manera que la mujer samaritana, pensando literalmente, dijo: «Señor, dame esa agua» (Juan 4.15).

La respuesta de Jesús fue inesperada: «Ve, llama a tu marido, y ven acá» (4.16).

Cuando la mujer contestó diciendo que no tenía marido, Jesús le dijo: «Bien has dicho: No tengo marido; porque cinco maridos has tenido, y el que ahora tienes no es tu marido; esto has dicho con verdad» (4.17-18).

Note lo que Jesús estaba haciendo en ese instante, y lo que *no estaba* haciendo.

Sin el menor esfuerzo cambió el tema pasando de las necesidades físicas de la mujer a lo que realmente la estaba perturbando: sus necesidades espirituales. Ella tenía hambre de algo que cinco esposos y un conviviente no podían satisfacer.

No obstante, Jesús no juzgó a la mujer. En cambio, hizo que ella viera lo que había en su conciencia. Darse cuenta de ello causó que ella corriera a la ciudad cercana y le dijera a la gente: «Venid, ved a un hombre que me ha dicho todo cuanto he hecho» (4.29).

Jesús en realidad no le dijo todo lo que había hecho. Él le permitió ver claramente, por primera vez, su vida y sus anhelos. La verdad le traspasó el corazón. Fue capaz de entender la verdad porque ella misma fue veraz, admitiendo a Jesús que algo le hacía falta en su vida.

Si usted quiere recibir el amor que tanto apetece, el primer paso es admitir que tiene esa hambre, con todo lo que ello implica: debilidad, vulnerabilidad, la sensación de un vacío por dentro. Decirse simplemente: «Seré feliz una vez que tenga un enamorado» es negar la profundidad y seriedad de su vivo deseo. Convierte al hambre en un deseo superficial de carne y sangre cuando lo que realmente queremos es alguien con quien compartir el amor divino, que sea para nosotras como Dios con piel encima.

El salmo 107 dice lo que Dios tiene reservado para aquellos que tienen esta hambre espiritual:

Vuelve el desierto en estanques de aguas,
Y la tierra seca en manantiales.
Allí establece a los hambrientos,
Y fundan ciudad en donde vivir. (vv. 35-36)

¿Qué nos dice esto?

Podría decir que significa que Dios nos alimentará. Pero hay un mensaje más profundo: para vivir en la ciudad de Dios, *hay que estar hambriento.*

No dice: «Dios toma a la gente satisfecha y la establece para que puedan permanecer satisfechas». Dice: «Allí establece a los hambrientos...»

El salmista se está refiriendo a la misma hambre que sintió la mujer samaritana que le pidió a Jesús el agua viva, y al mismo anhelo al cual se refiere Jesús en el Sermón del monte, cuando bendice a «los que tienen hambre y sed de justicia» (Mateo 5.6). Con tener hambre y sed de justicia, Jesús no quiere decir simplemente anhelar hacer el bien, sino anhelar a existir en un estado correcto con Dios. Es el profundo deseo de alinear el corazón de uno con el de Él para que, a través del amor de uno por Él y el mutuo por el prójimo, uno pueda llegar a ser como Él.

Cuando usted tiene hambre, hambre de verdad, es difícil pensar en cualquier otra cosa. Asimismo, tener hambre de justicia significa no poder descansar hasta que su hambre esté satisfecha. Como escribió Agustín acerca de Dios: «Nuestros corazones están inquietos hasta que encontramos descanso en Ti».[8]

Un reportero una vez le preguntó a una de las bellezas más grandes de Hollywood cuál era su secreto para mantenerse esbelta. Su respuesta no fue lo que los que siguen las dietas de este mundo hubieran esperado. Dijo que comía porciones pequeñas, sin permitir que nunca se llene. Siempre, dijo, dejaba la mesa con un poquito de hambre.

Cuando leí por primera vez esa historia, pensé sarcásticamente, *Bueno, la felicito*. Yo estaba y estoy determinada a dejar la mesa del comedor llena incluso si eso significa que me replete de palitos de pan.

Pero cuando se refiere a hambre espiritual, todos somos Sofía Loren. Nuestra ciudadanía está en los cielos. No fue la intención que nos sintamos completamente satisfechas en esta tierra. Por fortuna, hay cosas que podemos hacer en esta vida para acercarnos al alimento espiritual que nos satisfacerá en el mundo venidero. Casi lo podemos saborear.

Existe un ejercicio que usted puede practicar hoy día. Cuando se sienta hambrienta o sedienta, antes de satisfacer esa necesidad, tenga contacto con ella y trate de entender, sólo por un momento, cuánto usted depende de Dios para todo en su vida. Considere a esa sensación de anhelo como a un amigo, y cambiará toda su manera de vivir.

El hambre —hambre espiritual de verdad— es un don. Atesórelo.

cuarto
la agonía y el éxtasis: contrarrestando la cultura

Caminando hacia la estación de trenes una noche después del trabajo, pasé por un anuncio publicitario de una marquesina que promocionaba una comedia británica, *Coupling* [Acoplamiento], con el eslogan: «Amor, lujuria, y todo lo que está intermedio».

Me impactó lo extraño del eslogan. Después me di cuenta: no hay *nada* entre el amor y la lujuria.

No quiero decir que los dos sean lo mismo. Quiero decir que no se encuentran en el mismo ámbito.

Trate de reemplazar esos sustantivos con otros igualmente distintos y verá lo que quiero decir. «Odio, dolores de cabeza, y todo lo que está intermedio». «Ironía, deficiencia de hierro, y todo lo que está intermedio». Es absurdo.

Hay que reconocer que es posible confundir la lujuria con el amor, así como es posible creer que el mundo está en su contra cuando simplemente se ha olvidado de tomar su primera taza de café. Recuerde el intercambio en la historia de Dickens, *Cuento de Navidad*, entre el fantasma de Marley y el incrédulo Scrooge:

—¿Por qué dudas de tus sentidos?

—Porque —dijo Scrooge—, la cosa más pequeña les afecta. Un ligero desorden estomacal les hace engañar. Tú podrías ser un trozo de carne no digerida, una mancha de mostaza, un pedazo de queso, un fragmento de una papa poco cocida. Tienes más de comida que de tumba, ¡sea lo que seas!

Sucede lo mismo con nuestro apetito sexual así como con nuestro apetito por la comida. Un rostro atractivo puede despertar el fantasma no digerido de un ex enamorado. Pero el sentimiento no se compara con el amor, ni de manera cualitativa ni cuantitativa.

No obstante, nuestra cultura, tanto en los medios de comunicación como en las interacciones cotidianas, promueve incesantemente la idea de que la lujuria es una parada en el camino hacia el amor. Es aun más que una parada: se parece más a una escala indefinida.

Esta filosofía hedonista equivocada hace daño a los hombres y las mujeres, pero es particularmente dañina a las mujeres, al presionarlas a subvertir sus deseos emocionales más profundos. Las mujeres fueron hechas para la vinculación afectiva. Nosotras somos recipientes, y buscamos ser llenadas. Por esa razón, el sexo siempre nos dejará sintiéndonos vacías a menos que estemos seguras de que somos amadas.

Cuando estaba teniendo sexo casual, había un momento que temía más que cualquier otro. Lo temía no porque tuviera miedo de que el sexo saliera mal, sino de que saliera *bien*.

Si el sexo salía bien, entonces, incluso si sabía en mi corazón de que la relación no iba a funcionar, aún sentiría como si el acto me hubiera unido a mi pareja sexual de una manera más profunda que antes. Es la naturaleza del sexo el despertar emociones profundas dentro de nosotras —emociones que no son bien recibidas cuando uno está tratando de tenerlo a la ligera.

En esos instantes, el peor momento era cuando se acababa todo. De pronto, me sacudía de regreso a la tierra. Luego me acostaba y me sentía… vacía.

Mi compañero seguía ahí, y si yo tenía mucha suerte, se echaría junto a mí. No obstante, no podía evitar sentirme como si el hechizo se hubiera roto. Nos podíamos acurrucar y reír tontamente, o nos podíamos quedar dormidos abrazados, pero yo sabía que era puro teatro —y él también. Realmente no teníamos intimidad —sólo había sido un juego. Pero el circo ya se había ido.

La heroína de *Sex and the City*, Carrie Bradshaw, una vez preguntó: «¿Puede una mujer tener relaciones sexuales como las tiene un hombre?» La pregunta no es nueva. Helen Gurley Brown la planteó casi cuarenta años antes en *Sex and the Single Girl* [El sexo y la chica soltera] —y contestó sí: «Al igual que el hombre, [una mujer] es una criatura sexual».

Pero a diferencia del hombre, el cuerpo de una mujer tiene que dejar que penetre su amante, tiene que literalmente permitirle que entre en su piel— y eso siempre frustrará su búsqueda de tener relaciones sexuales casi masculinas, sin compromisos.

Sé que no tengo que convencerlas a ustedes, damas, de esto. Ya han leído las notas publicitarias en la contratapa de este libro, quizás hayan hecho trampa y se han saltado hasta la última página (¡debería darles vergüenza!). Pero aun si saben en su corazón que han sido lastimadas al cruzar los límites físicos con un amante, es importante darse cuenta que el dolor no fue porque, como *Cosmo* lo declara, lo estaban haciendo mal. Es porque lo estaban haciendo *bien*. Fue la situación, la búsqueda de la excitación física con un hombre porque sí nomás, fuera del amor y la seguridad de una relación matrimonial, lo que estuvo mal.

Gran parte de la cultura popular, en particular las revistas dirigidas a las mujeres solteras, mantienen firmemente el «tener relaciones sexuales como las tienen los hombres» como meta hacia la cual todas las mujeres inteligentes se deben esforzar. Las mujeres que se rehúsan a aferrarse a ese ideal son ridiculizadas considerándoseles como provincianas, santurronas retrógradas sin esperanza. Ante tal presión social, no es de sorprenderse, entonces, que algunas de las mujeres más brillantes y dinámicas hayan sucumbido a la idea de que tienen que perfeccionar el arte del sexo casual.

En el fondo, los árbitros de la moda son cínicos. Saben dentro de su corazón de lata que el sexo casual no hace feliz a las mujeres —por eso sienten la necesidad de promoverlo constantemente. En consecuencia, la vida diaria para aquellos que se atreven a resistir las tentaciones de la cultura está llena de avisos que les recuerdan que están en este mundo pero que no son de él.

Las luchas del conflicto constante contra una cultura adversa eran dolorosamente conocidas por los fieles durante los primeros años de la iglesia. Pablo lo describió en su carta a los filipenses: «Porque a vosotros os es concedido a causa de Cristo, no sólo que creáis en él, sino también que padezcáis por él, teniendo el mismo conflicto que habéis visto en mí, y ahora oís que hay en mí» (1.29-30).

Pero es más que un simple conflicto. La palabra que usa Pablo y que la versión Reina Valera traduce como «conflicto» es realmente *agon*, una palabra griega que significa «agonía».

La palabra *agon* aparece varias veces en las cartas de Pablo. En cada una de las veces, se refiere a un conflicto terrenal que requiere fe para vencer, a una batalla continua que pelearemos mientras estemos en estos cuerpos mortales.

«Agonía» no significa estallidos agudos y repentinos de dolor, sino en cambio una terrible experiencia larga y tendida. Eso la constituye en un término apropiado para describir la batalla continua que encaran aquellos que se esfuerzan para alinear sus voluntades con la que tiene Dios para ellos.

La parte más desafiante de la castidad no es vencer a las tentaciones. Es obtener los recursos espirituales para encarar con gozo la vida cotidiana como una persona ajena a la cultura. Es un conflicto entre agradar a los hombres y agradar a Dios. Esta es la «buena batalla de la fe» que describe Pablo en 1 Timoteo 6.12 y 2 Timoteo 4.7 —y no es una coincidencia que la palabra que usó para decir «batalla» fue en ambos casos agon.

Debe haber una razón por la cual la gente cuando se enfrenta a la soledad y el aislamiento, está dispuesta a abandonar los placeres fáciles esperando conseguir mejores. Para mí, es porque me convencí de que tener sexo prematrimonial, en contra de lo que nuestra cultura declara, en realidad me hizo tener menos posibilidades de conseguir un marido. Además, me di cuenta que estar lista para participar en la intimidad física me alteraba emocionalmente hasta el punto de no estar preparada para sostener un matrimonio.

Jesús sufrió la cruz, «por el gozo puesto delante de él» (Hebreos 12.2).

Yo no siempre puedo ver el gozo que está delante de mí.

Pero sé una cosa.

En cuanto a mi vieja manera de vivir, no hay gozo detrás de mí.

No hay nada en mi manera de vivir antes de convertirme en casta que pudiera volver a visitar y ser feliz. Si hay gozo, y yo creo que sí lo hay; de otro modo no estaría viva el día de hoy, entonces tiene que estar hacia delante.

Anteriormente, cuando buscaba experiencias sexuales con hombres, era por distraerme del vacío que sentía por dentro.

El vacío era contraproducente, yo lo sabía. Quería desesperadamente amar y ser amada por un hombre, pero realmente no podía imaginarme por qué alguien me amaría. Como resultado, quedé atrapada en el espiral descendiente del adicto, tratando de llenar ese espacio vacío con experiencias sexuales carecientes de sentido, que sabía que me iban a dejar más vacía que antes.

Cuando compartía mis inseguridades con mis familiares y amigos, todos me ofrecían el mismo consejo que podía encontrar en cualquier libro de autoayuda y revistas para mujeres: «Sólo cree en ti misma».

Me hacían una lista de mis cualidades atractivas y me decían que me sintiera afortunada. Sólo estaba pasando por una etapa difícil, me decían ellos. Las cosas mejorarán. Todo lo que tenía que hacer era creer en mí misma.

Así que, creí en mí misma, hasta que me llegaba la siguiente desilusión. Entonces me sentía como un mayor fracaso.

La vida me había herido. Me sentía oprimida, impotente, y dolorosamente consciente que no había nada que podía hacer para sanarme.

Tenía toda la razón.

Mi problema estaba en la manera en que percibía mis propias debilidades. Estaba sumamente consciente de ello, ansiando con todo mi corazón deshacerme de ello —y no me daba cuenta de que la respuesta estaba justo delante de mí.

El vacío que percibía era como un hoyo oscuro, en realidad era lo que los cristianos llaman un vacío que tenía la forma de Dios. El hecho de que estaba consciente de ello, a pesar de lo doloroso que era, realmente me concedió una ventaja. A diferencia de aquellos que participan en una conducta autodestructiva sin la menor idea de las consecuencias de sus acciones, yo sabía que no había futuro en mi estilo de vida de disfrutar el momento.

Mi error fue hacer lo que me dijeron que hiciera: creí en mí misma.

«Los actores que no pueden actuar creen en sí mismos; así como los deudores que no pagan», escribe G. K. Chesterton en *Orthodoxy* (Ortodoxia). «Sería mucho más cierto decir que el hombre con certeza fallará, porque *cree en sí mismo*. La absoluta confianza en sí mismo no sólo es un pecado; es una debilidad».

En verdad, justo cuando creía que estaba lo más fuerte, las veces en que más creía que tenía la confianza en mí misma para enfrentar la vida como joven soltera, con todas sus posibilidades y problemas, era lo más débil.

La razón de mi debilidad se puede encontrar en los ejemplos que da Chesterton de individuos que confiaban en sí mismos. Actores que no pueden actuar. Deudores que no pueden pagar. Gente cuya existencia depende de presentar una imagen sin los recursos para respaldarla. La misma naturaleza de la confianza en uno mismo es que surge del interior. Uno no se la puede poner. En otras palabras, usted no puede transformar un par de sandalias de tacón de $14.99 marca Fayva en un par de zapatos de tacón de aguja de $600 marca Manolo con una simple capa de pintura.

Incluso en mi estado más bajo, tuve la gracia que Dios da a todos: el «tesoro en vasos de barro» (2 Corintios 4.7). Pero en mis tinieblas, sólo me importaba cómo los hombres que no sabían lo que estaba realmente dentro de mí evaluaban este tesoro, no el valor que tendría para un verdadero hombre amoroso algún día. Y no tenía el menor concepto del valor que tenía ante los ojos de Dios.

¿Qué fue lo que Holden Caufield dijo en la obra de J. D. Salinger, *The Catcher in the Rye* acerca de cómo las películas están dañando a todo el mundo? Es tan cierto. Yo solía ver a los protagonistas masculinos románticos en las películas antiguas —como el fogoso Orson Welles en *Jane Eyre,* dando ese discurso donde se imaginaba tener un cordel debajo de sus costillas del lado izquierdo, «amarrado apretada e inextricablemente a un cordel similar en la zona correspondiente del pequeño cuerpo de Jane —y mi pecho se hinchaba al imaginarme al personaje diciéndome esas apasionadas palabras.

Pero aunque los actores eran reales, los personajes que representaban sólo existían en mi imaginación, donde mis fantasías podían llenar las facetas faltantes de sus personalidades. Y sabía, al final, que esas fantasías eran equivocadas, porque no importaba cuánto intentaba hacerlas realistas, no podía.

Era fácil extender mi práctica de llenar personalidades con fantasía a mis relaciones amorosas de la vida real. Cada una tenía cualidades que se acercaban a las que idealizaba, así que me enfocaba en ellas, pintándolas más brillantes con los colores de la imaginación. Era un juego, y creía que todo el mundo lo hacía.

Ellos hacían eso conmigo también. Los hombres se me acercaban porque veían algo en mí que encajaba con una fantasía que tenían. Si ellos correspondían a algún aspecto de mi fantasía, yo a la vez trataba de ser más como la fantasía que tenían de mí: ingeniosa, mundana, o adorable.

Sabía que el hombre correcto me amaría tal como soy, sin embargo no podía imaginarme ser amada de esa forma desde el comienzo. Creía que las relaciones en el siglo XXI comenzaban con ser atraída a la imagen que uno tenía de una persona, y se profundizaba hasta convertirse en amor al descubrir que la persona real no era muy distinta a la imagen que uno había desarrollado.

Mi entendimiento del amor, y del resto de mi vida, cambió dramáticamente a los treintiún años de edad, cuando recibí fe en Dios por primera vez. Inmediatamente, fui sanada de mi amarga soledad, y vi lo que mi alocado estilo de vida estaba haciéndole a mi espíritu.

Ahora estoy viviendo de manera casta, esforzándome con todo mi corazón para ver a los que me rodean como individuos y no como objetos o estereotipos, por primera vez creo que estoy desarrollando la capacidad de amar totalmente.

Sé que cuando encuentre a mi futuro esposo, seré cambiada. Pero a diferencia de relaciones pasadas, no estaré cambiando para corresponder a una fantasía. Será más como lo que describe C. S. Lewis en *Mero cristianismo*, cuando cuenta la historia de un hombre a quien se le hizo usar una máscara que lo hacía verse más atractivo de lo que realmente era. Un día, después de usarla por años, finalmente pudo quitársela —y descubrió que su rostro se había ajustado a ella.

«Él ahora era realmente hermoso», escribe Lewis. «Lo que había empezado como un disfraz se había convertido en realidad».

Cuando conozca a mi futuro esposo, sé que habrá algo que tendré que hacer antes de que pueda corresponder a su amor: Tendré que aceptar que soy amada. Requerirá que me ponga un tipo de máscara, porque no va a ser algo automático o natural, aunque sé que mis emociones se desarrollarán rápidamente para ajustarse a ella.

Mientras escribo esto, estoy buscando, sólo para contrastar, una cita relevante del evangelio para la mujer soltera de nuestra época: el ingenio y sabiduría de Carrie Bradshaw. Lo que obtengo es este aforismo: «La relación más excitante, desafiante y significativa de todas es la que una tiene consigo misma. Y si puedes encontrar a alguien que ame al tú que tú amas, bueno, eso es simplemente fabuloso».[9]

He tenido una relación excitante, desafiante, y significativa conmigo misma por más de tres décadas. No es difícil para mí encontrar a alguien que ame al yo que yo amo. Lo que nunca había imaginado antes de ser casta era que podía esperar encontrar a alguien que ame el yo que *no* amo. Mis debilidades, mis inseguridades, mis defectos, todas las veces que no doy en el blanco.

Por medio del cambio en la manera en que me percibo a mí misma y al mundo, mirando más allá de las apariencias, estoy finalmente empezando a obtener un entendimiento real del amor más allá de las películas antiguas y lo que Joni Mitchell llamó «la manera mareada de bailar en que tú te sientes». Ahora me doy cuenta que todo ese tiempo que creí que estaba idealizando el amor en mi mente, en realidad lo estaba limitando. Lo que parecía optimismo disparatado era en realidad cinismo ordinario.

Por eso a estas alturas de mi vida —cuando el mundo me dice que estoy más lejos del matrimonio que nunca, sin ningún «prospecto», me siento, contra viento y marea, desesperadamente… esperanzada.

Puede que tenga muchas más noches que caminar a solas las calles y recibir la burla de los anuncios de las marquesinas. Pero creo que lo único real «intermedio» no está entre la lujuria y el amor. Está entre este mundo y el reino de Dios. Y tengo que orar por paciencia para que correr la carrera atravesando la línea divisoria, no importa lo agotador, valga la pena el *agon*.

Por fortuna, Alguien ya me ha abierto paso.

cinco
el primer corte
es el más profundo

Los románticos llaman al sentimiento cálido y acogedor que uno experimenta después de haber tenido relaciones sexuales, «arrebol». Cuando usted no está casada, se puede sentir más como *repercusiones*.

A veces, después de tener sexo con un hombre por primera vez, aproveché de la ilusión de intimidad persistente para preguntarle a mi compañero de cama algo que normalmente no tendría el valor de preguntar.

«Entonces…», diría mientras estaba boca abajo, volteando mi cabeza para hablar apoyándome en mis codos. (Generalmente uno se echa sobre el estómago después de tener sexo casual, porque se siente demasiado vulnerable exponer su cuerpo desnudo.)

«…dime cómo fue tu primera vez».

En parte, estaba simplemente tratando de hacer conversación. Después de haber acabado de tener sexo con un hombre que no conocía muy bien, no quería asustarlo diciendo algo profundo. La cosa más obvia de qué hablar después de haber fornicado es… fornicación. Pero había otra razón, una razón subconsciente por la cual había planteado la pregunta.

Quería saber cómo era el hombre cuando era vulnerable. A estas alturas, fuera él una persona confiada o insegura, ya estaba consciente que podía llevarse a una mujer a la cama. ¿Cómo era él antes de saber cómo seducir y seguir su plan para hacerlo? ¿Cómo era antes de haber desarrollado una técnica?

¿Cómo, me preguntaba, era cuando una mujer podía alcanzarlo de una manera que nadie lo había hecho antes?

Ahora me doy cuenta que lo que realmente quería saber no era cómo mi compañero de cama perdió su virginidad, sino cómo perdió su inocencia. La razón por la cual me interesaba la pérdida de su inocencia era porque yo sentía muchísimo cómo había perdido la mía.

La pérdida de la inocencia es el punto determinante en su historia sexual. Fue la primera vez que cruzó cierto límite con un chico o un hombre que la atrajo. Fue la primera vez que dio un paso hacia lo desconocido —y descubrió que podía regresar de ello viva. Más que eso, usted se dio cuenta que podía regresar allí una y otra vez.

Descubrió que cada vez que volvía a cruzar esa línea, se sentía menos peligroso. Si quería volver a captar la emoción de mojar su pie en aguas desconocidas, tenía que meterse más al fondo.

No obstante, cuando exploró más, nunca pudo volver a captar ese sentimiento que tuvo antes de que diera ese primer paso —el sentimiento de esperanza y de posibilidades inexploradas. Quizás intente repetir la misma cosa que hizo antes con un hombre nuevo, pero en su mente siempre compararía a su nueva cita romántica con aquellos que lo habían precedido. Fuera mejor, peor, o simplemente diferente, él estaba coloreando en hojas que ya tenían los contornos de otros hombres.

¿Qué sucedió exactamente en ese momento en que usted pasó de la inocencia a la mundanalidad? La manera más sencilla de expresarlo es que usted se dio cuenta por primera vez que podía separar la sensación sexual del amor.

Mi corta relación con mi primer «enamorado» —es decir, el primer sujeto que duró más que unos cuantos besos desagradables— creó el marco para la pérdida de mi inocencia.

Cuando tenía quince años y estaba desesperada por encontrar una persona brillante y a la moda en mi escuela secundaria de Nueva Jersey, mi mamá me dejó ir a un retiro de fin de semana en la Iglesia Unitaria. Allí fue donde conocí a Gavin.

Gavin estaba a la moda, sí, un *punk* de verdad que se sentía muy bien tirándose encima de la multitud, y también brillante, con sentido del humor. Él y su compañero fundaron una pandilla de bromistas que llamaban la LDU (Liga de Defensa Unitaria), una especie de «Naranja mecánica» para los residentes suburbanos. También era guapo, con su corte de pelo juvenil tipo Johnny Ramone, y hubiera medido 1,80 metros si su joroba de fumador no le quitase cinco centímetros. Aunque era apenas un año mayor que yo, parecía mucho más independiente y experimentado.

Una noche, después de haber estado saliendo juntos por unas tres semanas y haber intercambiado unos cuantos besos durante ese tiempo, Gavin y yo fuimos a un concierto punk para todas las edades en el bajo Manhattan. Yo desgraciadamente demostré ser una verdadera carga, porque me faltaba entender que uno no va a un concierto de punk duro a menos que se esté dispuesto a que lo pisen. En este caso, fue el amigo de Gavin, Rich, el que pisó —saltó de la viga del techo y pateó mi cabeza mientras caía. Quizás la patada a la cabeza realmente significaba una especie de señal de camaradería entre esta fanaticada, pero lo tomé muy mal. Salí corriendo del club nocturno, llorando.

Gavin me siguió. No me dijo mucho para consolarme —era obvio para él que debí haber sabido lo que me esperaba— pero me las arreglé para dejar de llorar. Tenía que irme pronto de cualquier modo porque mi mamá venía a recogerme, así que él y yo pasamos el resto de nuestro tiempo juntos dando una vuelta a la manzana, en una zona desierta de depósitos y estacionamientos.

Nos detuvimos para apoyarnos contra una barrera de metal, y comenzó a besarme. Yo estaba muy incómoda porque sólo había besado a un par de chicos antes, y eran chicos que no sabían lo que estaban haciendo. Por la manera en que Gavin besaba, podía ver que él sí sabía lo que estaba haciendo, y yo no estaba segura cómo manejar esta nueva etapa de nuestra relación.

En ese entonces, yo no creía en esperar hasta casarme para tener sexo. Crecí en un hogar liberal; ninguno de mis padres quería parecer santurrón. Se daba por entendido que tendría sexo cuando estuviera lista para ello, casada o no. Pero sí tuve desde la niñez un deseo profundo de esperar a tener sexo hasta que estuviera real y verdaderamente «enamorada», sea lo que sea eso.

No recuerdo haberle dicho a Gavin que quería esperar a tener sexo hasta que realmente estuviera enamorada, pero debió haberlo detectado. Por lo menos, eso es lo que supuse cuando después pensé en lo que había sucedido entre nosotros en esa calle oscura. Todo lo que supe fue que después que entré al auto de mi mamá, nunca más lo volví a ver. Me dejó de llamar y de devolver mis llamadas. El mensaje que obtuve de ello fue que me había movido demasiado lento para él; después de todo, él era experimentado.

A medida que pasaban los meses y me mantenía recordando mis pocas citas amorosas con Gavin, el mensaje era claro: aun si iba a reservar el sexo para cuando finalmente estuviera enamorada, tenía que obtener más experiencia. Le iba a demostrar al hombre de mis sueños que no era una mojigata. Era la única manera de mantenerlo interesado hasta el momento mágico en que todo caería en su lugar.

En el otoño de mi último año de secundaria, cuando tenía dieciséis años (habiéndome saltado un año en mi apuro por graduarme), subí a un tren para visitar a un hombre que llamaré Travis, en su apartamento de East Village.

Travis era un escritor de revistas y empleado de un sello discográfico, oriundo de Nebraska, y tenía el doble de mi edad. Dos años antes, yo había llamado por teléfono al editor de una revista de cultura pop clandestina para la cual él escribía. Estaba fascinada con el periodismo del mundo del entretenimiento y atrevidamente le pregunté al editor si alguna vez se podría reunir con mis amigos y yo para ir a almorzar. El editor, sin duda desconcertado de recibir una llamada telefónica de una chica de catorce años de Nueva Jersey, se reunió con nosotros, y trajo a Travis consigo.

No sé lo que provocó que visitara a Travis en ese día dos años después de nuestra reunión, o por qué me llevó tanto tiempo hacer el viaje. Desde el día que tuvimos nuestro almuerzo, nos habíamos mantenido en contacto por medio de cartas esporádicas. Estaba impresionada de que un hombre que yo consideraba importante se había interesado en mí. Para mí, no había nada más chévere que trabajar para un sello discográfico importante y escribir artículos para una revista acerca de música, de moda y películas. Estaba tremendamente ansiosa de aprender todas las cosas importantes que me había perdido por haber vivido en las afueras de la ciudad, y quería aprender de Travis.

Él también tenía otra faceta que me pareció intrigante, en el sentido arriesgado. Ganaba dinero extra escribiendo para revistas pornográficas, incluyendo *Screw* y *Penthouse Letters*.

No era una fanática de la pornografía y sabía que habían buenas razones feministas para oponerse a ella. Al caminar hacia el este saliendo de la estación PATH hacia donde vivía Travis, pasé a la mujer del movimiento Feministas Luchando Contra la Pornografía que estaba todos los sábados en una mesa entre Broadway y la Calle Octava, gritando en su fuerte acento de Nueva York, «¡*Mujeres! ¡Peleen!* ¡Firmen la *petición*!» Al lado de ella había un afiche gigante de la portada llamativa de la revista *Hustler* que mostraba las piernas de una mujer sobresaliendo de una moledora de carne.

A pesar de mis reservas, la idea de que Travis estuviera involucrado en la industria pornográfica le daba a su actitud provinciana de Nebraska un aire de peligro. Añadía a la placentera sensación de rebeldía que ya sentía al ir sola a Nueva York para ver a un hombre mucho mayor que yo.

El único lugar para sentarse en el estudio de Travis era su cama extragrande. Conversamos un rato y nos pusimos al día en lo que había sucedido en nuestras vidas desde aquella vez que nos conocimos. Le dije que había visto un video de un cantante que él había ayudado a que formara parte del sello discográfico para el cual trabajaba. Finalmente, y debí haber sabido que esto sucedería, me preguntó si me podía dar un beso.

Sabía con certeza que me atraían los hombres. Más que eso, era capaz de ser abrumadoramente atraída, con una locura tan intensa que prácticamente me cegaba y me hacía derretir.

No me sentía así con Travis. Pero tampoco me repelía.

Él estaba… *ahí*. De apariencia placentera. No tenía nada que fuera específicamente poco atractivo. Eso, combinado con el hecho de no sentirme enamorada de él, lo convertían en alguien con quien me sentía a salvo.

Desde que Gavin me abandonó, me sentía como si ni siquiera podía ser arrestada. Al mirar fotos de mí misma de ese entonces, me doy cuenta que no era poco atractiva, pero en aquel tiempo estaba convencida de que era gordita y fea. Ninguno de los chicos que me gustaban en la escuela querían saber nada de mí. Parecía haber una especie de no se qué que me hacía falta.

Travis alimentó mi ego cuando estaba lo más vulnerable. Si él me hallaba atractiva, posiblemente otro, otro por quien estaría loca, también. Mientras tanto, pensé, podía ganar algo de experiencia con él, para que los chicos que me gustaban ya no me vieran como tonta o peor, como mojigata.

Pero primero llegó el momento incierto cuando le dije a Travis que era una virgen y que además, planeaba permanecer así.

Él me aseguró que sólo quería «besuquear». En cualquier momento que quisiera, podía parar.

Estuve de acuerdo. Travis buscó en su colección de discos y sacó un álbum de su juventud, *Teenage Head* [Cabeza de adolescente] de los Flamin' Groovies. Él adoraba la idea de besuquear como un adolescente.

Visité a Travis varias veces más ese año escolar. Durante ese tiempo, ninguno le quitó la ropa al otro ni tocó debajo de la ropa. Yo era demasiado rápida en parar, y él siempre se detenía, tal como lo había prometido.

Por no sentir ningún ataque hormonal durante mis sesiones con Travis, yo veía las experiencias como una oportunidad de aprender lo que experimenta un hombre cuando está excitado. Recuerdo haber observado cómo su respiración cambiaba y su cuello se calentaba. Me daba un placer egoísta ver cómo un toque o beso mío lo excitaba. Sólo mi cuerpo en realidad estaba con él; mi mente estaba viendo la escena como si fuera un programa de TV, mientras mis emociones estaban demasiado enterradas como para darme cuenta cómo estaban siendo afectadas.

Le dije a mi mamá que Travis y yo éramos amigos; yo tenía dificultad en esconderle cualquier cosa, porque éramos cercanas, pero no le dije que éramos más que amigos. Posteriormente me dijo que ella lo sabía, pero que no me presionó. Ella era una nueva cristiana, y apenas había empezado a caminar como se debía en ese entonces. Aunque ella estaba preocupada por mí, creo que estaba incómoda con la idea de imponerme la castidad.

Tenía sentimientos encontrados en cuanto a lo que Travis y yo estábamos haciendo. Por un lado, me daba algo emocionante de qué hablar con las chicas con quienes almorzaba en la cafetería de la escuela, que escuchaban con interés a pesar de que creían que la idea de salir con un hombre de treinta y dos años era algo extraño. Por otro lado, se volvió aburrido después de un tiempo. Sabía que Travis no era el hombre para mí, y no tenía sentido ir más lejos. Pero también me gustaba la idea de sentirme adulta: escaparme para tener una cita secreta en un verdadero apartamento de la ciudad de Nueva York, y no en el sótano de los padres de alguien, y tener un poquito de suspenso por saber qué tan lejos podían llegar las cosas.

Al llegar el semestre de la primavera de mi primer año en la universidad, cuando tenía diecisiete años, ya había pasado bastante tiempo de haber dejado a Travis, pero aún éramos amigos. Él me invitó a una fiesta para celebrar la salida a la venta de un libro de un caricaturista clandestino.

En la fiesta, Travis me saludó cálidamente. Quería que conociera al editor de la revista para los amantes de la marihuana *High Times*. No estaba metida en drogas, pero cuando se trataba de conocer a personas famosas, no era quisquillosa.

Cuando Travis me llevó hacia el editor, dijo: «¿Está bien si le digo acerca de nosotros? ¿Acerca de cómo solías venir, y nos besábamos, y debido a que eras una virgen, me detenías?»

Por un momento, me tomó por sorpresa, pero al final le dije que estaba bien.

Nunca odié a Travis por lo que me hizo. En la ética relativa suya y mía de ese entonces, él fue un modelo de honestidad y respeto. Pero pienso en lo que significó para él, ser este hastiado escritor de pornografía que estimulaba su ego por medio de contarle a la gente de su experiencia con una virgen, y me parece terriblemente triste. No, no triste, digamos patético.

Y la parte más patética es que yo le permití hacerlo. Así estaba de perdida. Había perdido mi inocencia, y ni siquiera me había dado cuenta que la había perdido, o de que había algo que perder.

Hay algunos lugares en la memoria de uno donde el tiempo parece detenerse. Son como fallas geológicas, un nexo entre el pasado y el presente, y uno sigue regresando a ellas. Cuando recuerdo los momentos en que era sexualmente activa, sigo regresando a esas tardes con Travis. No porque fueran sexualmente excitantes; no lo eran. En comparación con las experiencias que tuve después, las sesiones con Travis eran un par de puntos por encima de una visita al dentista.

No, las experiencias en ese estudio de la Primera Avenida se quedaron en mi mente porque representan una contradicción que es esencial para el sexo que no es conyugal. Es algo que no creo que los partidarios de una cultura de «sexo positivo» jamás entenderán. (Yo creo que el sexo dentro del matrimonio *es* positivo, pero me estoy refiriendo a las opiniones de aquellos que lo toman fuera de ese contexto.)

Desde la perspectiva del sexo positivo, las sesiones con Travis eran «relaciones de afuera», tan seguras como la propia seguridad. Excepto por la saliva, no había intercambio de líquidos. No había contacto genital.

Sin embargo desde la perspectiva cristiana, estaba haciendo la peor cosa posible a mi alma. Era, verdaderamente, sexo inseguro. En cierta forma, era peor para mí que si estuviera realmente teniendo relaciones sexuales, porque si lo estuviera haciendo, a pesar de lo malo que hubiera sido para mí, hubiera habido más oportunidad para que me percatara de lo que estaba sucediendo.

De la manera como sucedieron las cosas, yo era como la persona que toma un poquito de veneno cada día y al final se vuelve inmune. El veneno nunca es bueno para uno; tener la habilidad de ingerirlo sin morir no es razón para hacerlo de modo regular.

En mi caso, estaba aprendiendo a desprenderme, a sentir como si pudiera separar las acciones físicas del sexo de sus consecuencias emocionales. También estaba aprendiendo a ser indirecta, a tratar a mi compañero como un objeto, hasta el punto en que mi gozo consistía en ver el efecto que estaba produciendo en él. Era una sensación de control, y me permitió desprenderme más para poder mover a mi compañero sin que yo fuera movida.

Mi meta en todo esto era tener la excitación, el estímulo del ego, y la compañía física del sexo, sin importar lo temporal, sin lastimarme. Siempre supe que vendría la separación y que volvería a estar sola. Si pudiera limitar lo cercana que me sintiera con mi compañero en primer lugar, entonces la separación no sería tan pronunciada, y no caería destrozada.

Usted pierde su inocencia cuando aprende a desprenderse. Se desprende para protegerse. Se protege, y el sexo pasa de ser una experiencia de amor compartida y dirigida hacia afuera a una experiencia de inseguridad aislada y narcisista.

La respuesta es dejar de protegerse, y la única manera de hacerlo es evitar situaciones en las que tenga que protegerse. Para conectarse verdaderamente con alguien, hay que permitirse ser vulnerable. No es posible ser vulnerable si siempre tiene que preguntarse si el hombre que desea estará presente para atraparla cuando caiga.

Yo sé que nunca voy a recobrar mi inocencia. Pero *puedo* recobrar mi vulnerabilidad.

seis

por qué es fácil culpar a mamá y papá (y por qué no debería hacerlo)

Generalmente pensamos que un legado es algo que uno deja después de morir, pero hay algunas formas en que los padres pueden dejar un legado mientras aún están vivos. Si sus padres son como los míos, ya ha recibido un legado que de ninguna manera es bien recibido. Es el legado del divorcio.

Mirando el cuadro amplio, sé que mis padres sólo estaban tratando de hacer lo que sinceramente creían que era lo mejor para ellos, mi hermana y yo. Pero eso no quita el hecho de que su fracaso en permanecer juntos perjudicó mis propias posibilidades de tener un matrimonio perdurable. Muchos estudios demuestran que las mujeres cuyos padres se divorciaron tienen mayores probabilidades de divorciarse.

Si sus padres se divorciaron, o si permanecieron juntos pero eran infelices, hay dos maneras de ver su historia familiar en relación a lo que usted es ahora. Puede sostenerlo como una excusa por cualquier cosa que le impida entrar y mantener una relación saludable. O puede usar lo aprendido de ello para divorciarse de su perspectiva dañada del amor y del matrimonio.

Usted se puede imaginar cuál de estas opciones prefiero, pero no siempre fue así.

Mis padres se separaron cuando tenía cinco años y se divorciaron cuando tenía seis. Mi madre obtuvo la custodia mía y de mi hermana mayor, y a mi papá se le concedió el derecho de visitar los fines de semana. Como muchos padres de los años setenta, fueron muy diligentes en tener un divorcio «bueno». Ellos creían que si no peleaban por la custodia y si se trataban con respeto a regañadientes, mi hermana y yo atravesaríamos el divorcio con sólo un daño emocional mínimo.

La verdad fue que ambos retuvieron resentimientos el uno para con el otro, lo cual no podían ocultar. Aprendí desde muy temprano que mamá creía que papá era superficial, después de todo, se volvió a casar al año siguiente de su separación, y papá creía que mamá era frívola. También me lastimaba que mamá fastidiara sobre las veces en que papá me desairara de una forma u otra, como cuando no asistió a mis recitales escolares, mientras que por su parte papá notaba si mamá me estaba vistiendo con ropa muy vieja. (Por supuesto, mamá tenía una respuesta preparada para eso: Papá debía usar su sueldo superior para comprarme ropa nueva.)

Esas opiniones negativas que cada padre expresaba del otro penetraron en mí, dándome conceptos preconcebidos de mamá y papá que después tuve que esforzarme por vencer. Pero el efecto más profundo de que mis padres me pusieran dentro de su drama emocional fue que me hicieron prematuramente consciente de la disfunción adulta. Sin querer hacerlo, crearon a una cínica tamaño pequeño.

A diferencia de muchos hijos que pasaron por el divorcio, yo tuve un padre que trató de permanecer en mi vida, por lo menos al comienzo.

Algunos de mis primeros recuerdos son de él llevándome a pescar, nadar con él en la piscina, y enterrando monedas secretamente en la playa para luego insinuarme dónde podría encontrar el tesoro.

Cuando tenía siete años, papá se volvió a casar y lo vi con mucho menos frecuencia. Mi hermana y yo aún lo veíamos los fines de semana, en realidad desde el sábado en la mañana hasta el domingo en la mañana, pero él y mi madrastra a menudo salían los sábados en la noche. Era la única noche que podían tener a solas, decían ellos. Eso puede muy bien tener sentido para un adulto, pero no para mí de niña.

Cuando sí veía a mi padre, tenía cada vez menos de qué hablar con él. Estaba acostumbrada a estar con mi mamá, quien estaba muy interesada en los detalles de mi vida en la escuela, mis amigos, y mis pasatiempos. Papá no se podía relacionar conmigo con tanta facilidad; sólo quería saber que estuviera sacando buenas calificaciones y que no me metiera en problemas. Parecía que mi mamá me amaba por lo que era, y papá sólo por lo que hacía.

Sentía que tenía que ganarme el afecto de mi padre. Era un artículo limitado y preciado, pero sabía que estaba allí. Me esforzaba por lograrlo, pero muy a menudo estaba sencillamente fuera del alcance.

Mis primeras actitudes acerca del sexo estuvieron amoldadas por lo que veía en las vidas de mi hermana y especialmente de mi madre. Aprendí de ellas que una mujer puede ser muy inteligente y hermosa, y sin embargo tener una tremenda dificultad en conocer a un hombre responsable y caballeroso que deseara casarse por el resto de su vida. (Al final, ambas encontraron y se casaron con hombres así, pero no hasta que yo había llegado a la edad adulta.)

Cuando tenía doce años, me convertí en la única niña en casa, puesto que mi hermana se había ido a estudiar a la universidad. Con la ausencia de mi hermana, y yo siendo la confidente más cercana de mi mamá, gané una perspectiva cercana y perturbadora de lo agudamente dolorosa que era la vida romántica de mamá. Nuestro estilo de vida era posfeminista como el de la entonces popular comedia de situaciones *Un día a la vez*, donde mamá me mostraba a cada enamorado nuevo para asegurarse de que él estuviera cómodo con el hecho de que ella tenía una hija. Mi tarea era ser tolerante y abierta a la posibilidad de que este hombre podría convertirse en la persona correcta para mamá.

En las mejores circunstancias, es difícil para la hija de una madre soltera acostumbrarse a que su madre busque marido. Cuando la búsqueda produce hombres que tratan a la mamá como una simple parada de autobús entre una relación amorosa y otra, es sencillamente devastador.

Esta era la época de los setenta y comienzos de los ochenta, la edad de los SSNE: Sujetos Sensibles de la Nueva Era. También eran unos verdaderos problemas. Mi madre los atraía porque ella era de la Nueva Era, por practicar yoga kundalini y asistir a charlas de varios gurús. Eran individuos éticos y la trataban con lo que se interpretaba como respeto en el mundo de los solteros, pero parecían incapaces de entregarse a sí mismos. Por cierto, ellos nunca vieron la belleza que yo veía en mi madre. Puesto que mi relación con mi padre era lejana, yo me preguntaba si existían hombres capaces de ver y apreciar la belleza interior.

Tanto en su búsqueda de esposo como en la de una espiritualidad satisfactoria, mamá era, ante mis ojos, estimulada por un anhelo de llenar el espacio vacío, lo que ahora llamaría el proverbial vacío que tenía la forma de Dios. Cuando era adolescente, yo también sentí ese vacío, y anhelaba de la misma manera tener compañía masculina. Pero me había propuesto a no dejarme lastimar de la manera en que había visto a mi madre lastimarse. Tener sexo prematrimonial parecía una manera segura de salir lastimado. Así que decidí desde muy temprano no tener sexo hasta… ¿el matrimonio? Eso sería fabuloso. Sin embargo, no creía que podía esperar hasta entonces. En cambio, resolví esperar a tener sexo hasta que realmente estuviera «enamorada».

El problema era, y yo estaba muy consciente de esto, que no tenía la menor idea de lo que era una relación amorosa sana, cómo comenzaba o cómo se mantenía. El sexo, entonces, se convirtió en un símbolo de un sentimiento inalcanzable. Si creía que estaba enamorada y tenía sexo, y luego resultaba que el sentimiento no era en realidad amor, ¿qué quedaba?

La solución, creí, era postergar el sexo lo más que pudiera, hasta estar absolutamente segura de que valía la pena arriesgarse a sufrir una decepción.

Era un plan atrevido, y condenado al fracaso.

Aunque creo firmemente que a los jóvenes se les debe enseñar a reservar el sexo para el matrimonio, hay un área donde estoy de acuerdo con los que se oponen a la educación de la abstinencia: la abstinencia no significa nada a menos que uno entienda exactamente lo que es. Para ese propósito, yo añadiría que para entender lo que es la abstinencia, uno también debe entender lo que realmente son el sexo y el matrimonio, lo que significan, y su propósito.

Todo eso puede sonar bastante sencillo, pero cuando crecí, yo no tenía concepto alguno del significado y propósito del sexo y el matrimonio. Yo creía que el sexo era algo que uno hacía para recrearse y también si alguien quería tener un bebé. El matrimonio, yo creí, significaba que uno tenía la aprobación de la sociedad para tener sexo con una persona en particular. El sexo era mejor cuando una estaba enamorada, me imaginaba. La gente casada debía tener sexo sólo entre ellos porque, bueno, porque no era bonito engañar al cónyuge, y además porque engañar podía conducir al divorcio lo cual sabía que era un dolor de cabeza.

Todas esas suposiciones estaban basadas en lo que vi al vivir con mi madre y, en un menor grado, al visitar a mi padre. Mis dos padres creían en la fidelidad conyugal, y creían que los hijos se merecían padres amorosos. Al mismo tiempo ambos habían sido heridos por el fracaso de sus uniones, y su amargura residual manchó la imagen del matrimonio que ellos me transmitieron.

Como adolescente sin fundamento moral que apoyara mi resolución de reservar mi virginidad para la persona correcta, aparte del temor de ser lastimada por la persona equivocada, yo me sentía libre de probar los límites. No, más que libre; me sentía *con el derecho* de probar el límite de las cosas, porque resentía que Dios, si es que existía, no me había enviado mi pareja del alma. Me convertí en una virgen que «hacía de todo excepto...»

Cuando, a la edad de veintitrés años, finalmente me cansé de esperar y «oficialmente» perdí mi virginidad con un hombre al que no amaba, fue gran cosa para mí en ese entonces, pero en retrospectiva no fue realmente tan significativo. Cierto, mis coqueteos se volvieron menos complicados. Cuando hacía «todo excepto», solía temer tener que explicar por qué no quería consumar; una vez que comencé a tener sexo, eso ya no era necesario. Pero en un sentido más amplio, perder mi virginidad, lejos de ser la demarcación entre el pasado y el futuro, fue un instante fugaz en mi jornada de degradación sexual. El declive había comenzado cuando primero busqué el placer por sacarle el gusto. Esto continuaría hasta el día en que nací de nuevo, a la edad de 31 años, y a sacudidas tuve conciencia del pecado.

Una vez, cuando tenía unos ocho años de edad, me quejé con mi madre de que estaba harta de ir a ver a mi papá los sábados sólo para verlo salir con mi madrastra en la única noche que yo pasaba en su casa.

Recuerdo que mamá, al tratar de determinar qué hacer, me preguntó qué sería más doloroso: ir a ver a papá como lo había hecho, con él saliendo por la noche, o no ver a papá en lo absoluto.

Tuve que pensar en eso antes de finalmente decidir que sería más doloroso no verlo.

Sólo un año después, la cuestión perdería toda relevancia. Mi padre aceptó un empleo al otro extremo del país. De ahí en adelante, lo vería sólo una o dos semanas al año.

Aunque no había visto mucho a mi padre cuando vivía en la ciudad, su partida fue dolorosa para mí. Recuerdo un día en cuarto grado, justo antes de que se mudara, cuando perdí el control y me eché a llorar en clase. Sabía que la poca relación que tenía con él iba a ser afectada severamente por la distancia, y así fue.

Dos décadas después, a los veintinueve años de edad, cuando estaba atravesando una ruptura especialmente devastadora, comprendí algo tan claramente que pareció una gran revelación. Me di cuenta de que yo misma había causado esta ruptura por haber saboteado la relación.

Caí en cuenta que mis experiencias pasadas con hombres, tanto las de una sola noche y los intentos de tener relaciones, estaban basadas en la idea de escoger lo que dolía menos. Mi gran temor era que mis enamorados me dejaran, así como temía de niña que mi padre perdiera el interés en mí si no me ganaba su afecto.

Así como sabía que no importaba cuánto éxito tuviera en ganarme el afecto de papá, me era necesario regresar a casa cuando terminaba el fin de semana, así era con mis intereses amorosos. No importaba lo mucho que quisiera que un hombre se quedara, yo sentía en lo más profundo que él de seguro se iba a ir.

La solución que escogí inconscientemente, digo inconscientemente porque era lo opuesto a lo que conscientemente quería, era convertirme en cómplice de mi propio rechazo.

Me dije a mí misma que si me iba a lastimar de todas maneras, sería mejor saber por anticipado cuándo sucedería. Buscar a hombres que eran distantes, cuyos afectos sabía en mi interior que nunca podría ganar, aunque quería intentarlo desesperadamente, me aseguraban el fracaso. Entonces podía sumergirme en una breve e intensa relación física, teniendo toda la excitación de un enamoramiento satisfecho, pero sabiendo en mi corazón que era demasiado bueno como para que perdurara.

Mi creencia de que mis relaciones sexuales estaban condenadas a la autodestrucción se convirtió en profecía que acarreaba su propio cumplimiento. Me sentía tan impotente que yo lastimaba la relación sólo para poder estar en control. Yo era negligente, decía o hacía cosas que lastimaban, que me avergonzaban, o que me aceleraban la pasión demasiado pronto.

Desde mis años de adolescencia hasta que encontré mi fe, también sufrí de depresión clínica. Eso, junto con mi inseguridad, creó una sensación de desesperación. A veces yo impulsivamente me «expresaba». Nunca fui violenta, pero podía ser —ejem— un poquito obsesiva. Por ahí anda un hombre que recuerda el día en 1996 cuando aparecí en su mesa de exhibición en un mercado de segunda mano usando una peluca de cabello rizado negro como el de la cantante Cher, una gorra de vinilo negro, una minifalda de vinilo negro, y un par de botas de vinilo negro que hacían juego. No recuerdo muy bien, pero por lo visto estaba tratando de ganármelo otra vez. (No funcionó.)

Al mismo tiempo en que me di cuenta cómo el divorcio de mis padres habían afectado mis acciones y actitudes, algo maravilloso estaba pasando en mi vida. La relación con mi padre se estaba sanando.

La relación con mi madre ya había estado sanando bastante desde que cumplí los dieciséis años de edad. Fue cuando se convirtió en cristiana y, al desear vivir su fe, comenzó a practicar la castidad. Ella vivió pacientemente de esa manera por un tiempo, le tomaría diez años encontrar al hombre que llegó a ser mi padrastro. Aunque no podía identificarme con su castidad, admiraba su fe y dominio propio, además me sentí aliviada de saber que ella ya no corría el riesgo de ser lastimada por hombres sin compromiso.

El cambio de mi padre se produjo por la influencia de mi madrastra. Esta mujer valiente, con quien una vez estuve resentida por robarse la atención de mi padre, lo instó a examinar su relación conmigo y mi hermana. Él se sorprendió de saber que yo no me sentía cercana a él, y que siempre había sentido que su amor estaba basado en condiciones que nunca podría cumplir.

El resultado no fue una transformación total, pero cuando la relación de uno está en tinieblas, un poquito de luz que atraviese la barrera puede marcar toda la diferencia. Sentí por primera vez que podía llamar a mi padre sin tener que recitar de un tirón mis logros impresionantes. Por fin, en un nivel más profundo, mostró que realmente se preocupaba por mí y mi vida.

Aunque pasarían tres años más antes que yo aceptara al Señor y cambiara mi estilo de vida, no tengo la menor duda de que mi verdadero camino hacia la fe y la castidad fue iniciado por la sanidad en mi relación con mi padre. Después que se reconcilió conmigo, se hizo más difícil convencerme a mí misma de que el rechazo siempre fuera inevitable. El cinismo estaba comenzando a ser algo aburrido.

Sea que sus padres lo hayan influenciado de manera positiva, o sea que esté tratando de vencer la manera en que fue educado, los sentimientos que tiene por ellos lo afectarán mientras se esfuerza por cambiar su vida. Ahora, al inicio de su viaje, es un buen momento para examinar lo que ha aprendido de ellos y lo que necesita dejar de aprender. Aquí tiene unas cuantas cosas en qué pensar mientras considera de dónde vino y a dónde va:

- **En lugar de repetir los errores de sus padres, usted puede aprender de ellos.** Saber es poder. ¿Qué mensajes negativos recibió en su niñez en cuanto a su apariencia, inteligencia, o la naturaleza del sexo y el matrimonio? Cuanto más entienda cómo esos mensajes han influido sobre usted, más podrá verlos desde una perspectiva más madura, más sabia, y más objetiva.

  Por ejemplo, mi madre era extremadamente consciente de su peso cuando yo crecí. Ella me pasó esa mentalidad, incluyendo el hábito de pesarse cada mañana. Si usted también tiene ese hábito, entonces sabe que no es fácil romperlo, pero lleva consigo un riesgo, si aumenta un poquito de peso su día tendrá un comienzo deprimente.

  De vez en cuando, conscientemente tomo la decisión de *no* pesarme en la mañana. Hice el cambio sólo para dejar el hábito de poner mi auto imagen diaria a la merced de la balanza del baño. Es un sentimiento liberador que me recuerda que mi identidad es más que lo que pese en cualquier momento. También me recuerda que aunque pueda que esté muy influenciada por mi madre, yo soy una mujer independiente.

- **Alguien la ha estado cuidando —quiéralo o no.** Es posible que en algún momento en su niñez, incluso si sus padres eran unos hippis malosos, mamá y papá lo hicieron sentar y le enseñaron acerca de la castidad, o por lo menos lo que es bueno y malo en las relaciones. ¿Qué mensajes recibió de sus padres con los que se puede identificar hoy en día? Puede ser que un padre trató de darle un mensaje moral y usted lo desechó porque le molestaba el mensajero, o porque sencillamente no estaba interesada. ¿No se siente bien ahora darse cuenta que uno de sus padres la quiso lo suficiente como para querer dirigirla en el camino correcto? Ahora es un buen momento para decirle a él o a ella gracias —y pedir disculpas por no haber escuchado antes.

- **Al final de cuentas, sus padres son seres humanos con defectos humanos.** Uno de los mejores dones espirituales que uno recibe en la edad adulta es la habilidad de ver a sus padres como personas. Mi madre a menudo me pregunta cómo me sentiría al tener hijas de la edad de mi hermana y mía cuando ella tenía mi edad. Tengo que admitirlo, no me lo puedo imaginar. Como lo dije antes, recién ahora estoy empezando a entender para qué es el sexo. La idea de tener que explicarlo a niños es incomprensible. (Es bastante difícil explicarlo a *adultos*.) Obtener una perspectiva más amplia es esencial si uno va a...

- **Perdonar a sus padres.** Porque no se están poniendo más jóvenes, y usted tampoco. También porque así Dios lo dice. Y, más importante para su situación actual, porque cada esfuerzo que haga para perdonar a sus padres le traerá sanidad y fortaleza para el recorrido que tiene por delante.

siete
el significado del sexo

Un día, cuando tenía como ocho años de edad, durante una clase de drama creativo en la cual la maestra parecía dispuesta a hablar de cualquier cosa, le hice una pregunta que había estado en mi mente bastante tiempo:

«¿Cómo se inició el *sexo*?»

La maestra, una mujer de veintitantos años, se sorprendió. Vaciló por un momento, pero yo insistí:

«¿Cómo descubrieron los primeros hombres y mujeres cómo tener sexo?» Aún recuerdo cómo la maestra intentó dar una respuesta, porque fue tan raro. Ella inventó algo vago de cómo quizás la mujer emanaba cierto olor que atraía al hombre para tener sexo con ella. Sonó como algo tan asqueroso que se me quitaron las ganas de preguntar, pero realmente no era una respuesta.

Ocho años después, cuando estaba en el último año de secundaria, mi pregunta cambió y pasó a ser una más común: «¿Cómo comienzo *yo* a tener sexo?» Pero mis experiencias nunca me enseñaron cómo se inició el sexo, lo que es lo mismo que preguntar *por qué* se inició. ¿*Para qué* es el sexo?

Sé que el sexo es para la reproducción. Un materialista riguroso, es decir, uno que cree que todos los pensamientos se remontan a causas físicas, le diría que los sentimientos de intimidad que uno tiene durante el sexo son simplemente trucos biológicos para lograr que queramos propagar la especie. (Nunca se explica por qué a la biología le interesaría que propaguemos la especie.)

Por otro lado, si usted cree que lo que ocurre entre un hombre y una mujer durante el sexo tiene como fuente algo que no es el ADN de la pareja, su educación, y lo que comieron de almuerzo, entonces el sexo debe tener una función que va más allá de crear más gente para que tengan sexo.

En los últimos veinticinco años, el cristianismo ha encontrado una nueva manera de dar respuesta a la pregunta: ¿para qué es el sexo? Se llama la «teología del cuerpo». Una interpretación bien profunda de los principios básicos que se encuentran en la Biblia, formulada usando términos que la gente contemporánea de fe puede entender, y entretejida, como un vestido sin basta, con el significado de la vida misma.

Articulada por primera vez por el Papa Juan Pablo II, la teología del cuerpo está respaldada por las principales denominaciones protestantes así como también el catolicismo romano. Enfoque en la Familia, el ministerio protestante fundado por Dr. James Dobson, ofrece varios artículos útiles basados en la teología del cuerpo en www.pureintimacy.org, y existen muchos libros buenos sobre el tema, como *Buena nueva sobre sexo y matrimonio* de Christopher West. Estos son fascinantes recursos que cambian vidas y que no puedo exagerar en recomendarlos si está usted tratando de explorar lo que dice el cristianismo acerca del significado profundo y místico de la unión sexual entre el hombre y su esposa.

La teología del cuerpo comienza en Génesis, con Dios creando al hombre a Su imagen. Dios es invisible. Al darnos cuerpos a Su imagen, Él ha hecho visible lo invisible, tangible lo intangible.

Así que nuestros cuerpos son metáforas vivientes de la naturaleza amorosa de Dios, pero son más que metáforas, porque Dios, al crearnos, sopló Su Espíritu en nosotros. Este origen divino de nuestros cuerpos da un significado a lo que hacemos con ellos que va más allá de lo superficial. Cuando los usamos como Dios nos mandó que lo hiciéramos, especialmente cuando formamos parte de algo sagrado, estamos haciendo visible un misterio escondido, bajando a la tierra un pedacito del cielo. Esto se puede ver en el bautismo, cuando, al ser lavado con agua, el medio que normalmente usamos para limpiar nuestros cuerpos y hacernos sentir como nuevas, se limpian nuestras almas y se convierten literalmente en nuevas creaciones. También se pueden ver en la Santa Cena, cuando Dios usa los procesos físicos más mundanos como lo son comer y beber para suscitar una experiencia metafísica en la que tocamos la eternidad.

Para realmente ver funcionar a la teología del cuerpo, no es necesario entrar a una iglesia. Dios usa su cuerpo todos los días para hacer visible lo invisible y tangible lo intangible. Sucede cada vez que comparte Su amor con otra persona.

No me estoy refiriendo a lo que los cristianos llaman testificar. Actos comunes y corrientes de amor y bondad, que van desde decirle a un familiar: «Te quiero», a sonreír a una mujer que le vende su café por la mañana, hasta hacer una pausa para dejar que otro conductor entre al carril donde usted está manejando, todos señalan al cielo. Aun más, esas acciones alinean su cuerpo con el propósito que Dios le dio, un propósito amoroso que rechaza el egoísmo.

La idea de que partes del cuerpo tienen un propósito innato no es algo muy popular en estos días. En nuestra cultura, si una amiga suya se hace poner un arete de plata en la lengua, no se supone que usted le diga: «Eso es asqueroso. Se ve antinatural, y te va a causar gran dolor cuando comas». Se supone que usted diga algo así como: «¡Genial! ¡Qué tal mensaje de moda el que estás dando!»

De manera similar, nuestra cultura se rebela contra la idea de que el cuerpo tiene un propósito superior, porque sugerirlo implica instantáneamente que vamos a sufrir en nuestro espíritu por los pecados que cometemos contra nuestros cuerpos. Para algunas personas eso es algo demasiado terrible como para siquiera pensarlo, así que niegan completamente el significado más profundo del cuerpo.

Así como la lengua fue hecha para saborear y hablar, así también todo el cuerpo fue hecho para sentir el amor de Dios y comunicarlo a otros. Esto es una gran responsabilidad, pero una bendición aun mayor, especialmente cuando consideramos los medios más intensos y excitantes que Dios ha creado para que compartamos Su amor.

En el matrimonio, Dios nos capacita para usar nuestros cuerpos para crear un amor que es mayor que la suma de sus partes. En un nivel, Él hace esto literalmente por medio de otorgar hijos. Pero aun antes que eso ocurra, Él lo hace de manera figurada, causando que el amor de la novia y el novio produzca un nuevo y mayor fruto espiritual.

Jesús comparó al cielo con una fiesta de bodas, y Juan escribió en el libro de Apocalipsis que todos íbamos a celebrar unas bodas en el cielo: el matrimonio de la iglesia, es decir, todos los creyentes que llegan al cielo, con Jesús. Cuando usted se une a su marido, usted de manera muy real estará practicando para cuando esté en el cielo, unida al Señor de un modo que va más allá de lo que pueda imaginarse. Asimismo, Dios quiere que el amor suyo y el de su esposo representen el amor de Él para usted: total, completo, y eterno.

Una de las cosas más hermosas y misteriosas del matrimonio es el hecho de que la gente se emociona mucho con las bodas aun cuando no sean muy religiosos. ¿Por qué? Quiero decir, cuando usted va a la recepción de una boda, ¿por qué está la gente tan llena de júbilo si todo lo que están festejando es el hecho de que John y Judy por fin pueden tener sexo socialmente aceptable cuando lo quieran? ¿Por qué la gente llora en las bodas si sólo están contentos de que Liz puede tener un hijo antes de que se detenga su reloj biológico?

En cierto sentido, aun si no lo entienden completamente, la gente en las bodas sabe que están siendo testigos de algo más grande que el escuchar a dos personas decirse viejas y gastadas frases de fidelidad. Saben que aun si John y Judy han estado viviendo juntos y ya tienen un hijo, algo cambia cuando se casan. Ya no son simples individuos, sino una pareja, con el compromiso más profundo y fuerte que dos personas pudieran tener.

Ahora, si una pareja que ni siquiera es religiosa puede sentirse fortalecida por el poder de los votos hechos ante los amigos y familia, imagínese la fuerza del compromiso conyugal cuando se hace ante los ojos de Dios. El compromiso de un hombre y una mujer de amarse, honrarse, y valorarse mientras ambos vivan asume un nuevo significado y poder cuando ambos anhelan con todo su corazón tener vida *eterna* con Dios. El regalo de entregarse el uno al otro se convierte en un regalo al Señor.

Dios recompensa a la pareja casada con el regalo de ser capaz de participar en Su acto de creación. Esto se expresa en el regalo de los hijos, pero también en el espíritu creador que florece entre el hombre y la mujer. Cuando un esposo y una esposa unen sin límites sus corazones, mentes, espíritus, y cuerpos, el resultado trae una abundancia espiritual que, usada adecuadamente, hace que el mundo sea un lugar mucho más enriquecido.

Según el rabí ortodoxo Jay Spero de la Sinagoga de Saranac en Buffalo, New York, Dios usa la polaridad natural entre un hombre y una mujer que están casados para corregir un mundo desequilibrado. «Cuando un hombre y una mujer viven juntos en armonía, y hay paz entre ellos, la Divina Presencia mora en medio de ellos», dice Spero. «La razón de esto es que cuando uno toma dos cosas que por definición son opuestas y las une, esto es un microcosmos del propósito de la creación del mundo.

«Se nos ha puesto en este mundo para llevarlo a un nivel más alto, lo que se llama [en hebreo] contemporáneamente "Tikkun": reparar el mundo», continúa el rabí. «Cuando tomamos nuestro cuerpo, el cual es algo completamente físico, y lo santificamos con espiritualidad, hemos tomado dos polos opuestos y los hemos integrado. Esto se hace al cumplir los mandamientos [de Dios]. Y cuando esta integración se lleva a cabo entre un esposo y su esposa, no hay santificación más grande del mundo».

Si creemos que el cuerpo tiene un propósito, el sexo fuera del matrimonio se convierte verdaderamente en un callejón oscuro. Christopher West, quien ha escrito varios libros sobre la teología del cuerpo, lo describe en una entrevista con el sitio web Beliefnet.com como «mentir con el cuerpo».

«Estaría mintiendo si estoy teniendo sexo con alguien con quien no estoy casado», explica West, «porque mi cuerpo está diciendo: "Me entrego a ti libre, total, fiel, y fructíferamente", esos son votos matrimoniales, pero no me he comprometido a hacer eso. No lo digo en serio en mi corazón. Estoy diciendo con mi cuerpo algo que no es cierto».

Sus comentarios me recuerdan a una historia que mi madre me contó sobre un incidente que ocurrió cuando mi hermana era una niñita. Ella estaba jugando con mi madre en la vereda afuera de nuestra casa cuando un niñito que vivía al costado pasó con su triciclo y la derribó.

Mi madre estaba horrorizada. Mientras mi hermana estaba sentada llorando, mamá miró hacia arriba y vio a la madre del niño mirando por su ventana, sonriendo. Aparentemente la mamá del bravuconcito creía que todo era una diversión inofensiva.

Luego el niño manejó de nuevo —y golpeó a mi hermana por segunda vez. Mi enojada madre sabía que tenía que hacer algo —pero la madre del bravuconcito, su propia vecina, aún seguía mirando.

Así que mamá caminó hacia donde estaba el niño con una dulce sonrisa en su rostro. Con la sonrisa fija, le dio al niño un abrazo de oso.

Mientras sus brazos lo rodeaban, mamá dijo: «La vuelves a atropellar y te saco la m…»

Eso, mi querida amiga, es «mentir con el cuerpo». Hay que admitir, cumplió con el propósito de mamá; el niño nunca más volvió a fastidiar a mi hermana. Funcionó porque quiso que fuese algo que dé miedo y sea engañoso a la vez, y así fue.

Las acciones de mi madre fueron más aterradoras que si hubiese estado gritándole al niño, porque hay algo profundamente perturbador cuando una parte del cuerpo de una persona está diciendo algo diferente del resto del cuerpo. Probablemente usted haya tenido esta experiencia cada vez que le presentan a alguien que sonrió y le dijo que tenía gusto de conocerla, pero le apretó la mano de manera sospechosa.

Cuánto más perturbador, entonces, cuando usted está participando en el acto más íntimo con un hombre que está sincronizando cada aliento y movimiento con el suyo, saber que en cuestión de minutos u horas él le dirá con timidez: «Te llamo después».

Una de las cosas de mi padre que conmovió el corazón de mi madre era la manera en que actuaba cuando ella estaba triste. Papá no era una persona que mostrara mucho sus emociones. Si sucedía algo que hacía llorar a mamá, él le decía: «Llora por mí». Con eso él quería decir: «Muestra la emoción que yo no puedo mostrar». Sin poder tener empatía, por lo menos podía comprender, pidiéndole a mamá que llorara el doble.

Cuando usted ha sido lastimada por hombres, es fácil generalizar y decir que ellos no entienden, que no les importa, o que no pueden sufrir como usted o yo. En cierto sentido eso es cierto. Pero así como podemos sufrir de maneras que los hombres no pueden comprender, ellos también sienten dolor de maneras que van más allá de lo que entendemos. No sólo son sus egos los que fácilmente se hieren. La reacción de mi padre ante las lágrimas de mi madre me enseñó que la incapacidad de los hombres de sentir nuestro dolor puede ser algo doloroso para ellos.

Como dice el viejo dicho, las mujeres son suaves por fuera y duras por dentro, mientras que los hombres son duros por fuera y suaves por dentro. No es una coincidencia que un hombre, el compositor de ópera del siglo XIX, Ruggiero Leoncavallo, fuera quien creara el personaje eterno de Pagliacci, el payaso que se ríe por fuera y llora por dentro. Algunos de los compositores masculinos más notables han hecho sus carreras con letra que habla del dolor que ocultan, como Smokey Robinson y sus canciones clásicas de Motown: «Los surcos de mis lágrimas» y «Las lágrimas de un payaso».

Ahora, no voy a decirle que detrás de cada despiadado mujeriego merodea un niñito herido. (Como dice un amigo mío que es reportero de crímenes, algunas personas sencillamente son malvadas.) Pero usted ya sabe que no quiere a un mujeriego. Usted quiere la clase de hombre que está buscando a la mujer correcta con quien sentar cabeza. Considerando ese deseo, es importante entender que aunque los hombres puedan parecer que son capaces de desligarse emocionalmente del sexo, ellos *están* conscientes del poder emocional y espiritual del acto sexual. Irónicamente, por eso es que algunos hombres son mujeriegos: porque no pueden soportar tener sexo con una mujer a la que aman.

Para los hombres, un aspecto clave del sexo es lo que las mujeres también le asocian: vulnerabilidad. Los hace sentir desprotegidos, no sólo en sentido literal sino también figurado, puesto que están conscientes de la posibilidad del ridículo y la presión de desempeñarse bien.

Debido a la forma en que fueron diseñados y su habilidad de cubrir sus emociones, los hombres son capaces de tener sexo casual con menos repercusiones emocionales visibles que las mujeres. No obstante, creo que el efecto total al final es prácticamente lo mismo. Sienten un vacío, que tratan de llenar con experiencias sexuales fugaces. Debido a que sus coqueteos nunca llenan ese vacío, algunos hombres simplemente continúan tratando de tener experiencias sexuales nuevas, «diferentes pero iguales». Los peores de entre ellos, los mujeriegos y los adictos a la pornografía, parecen estar discapacitados y desamparados, como monos de laboratorio que se han vuelto adictos a una droga y se mantienen apretando un botón para recibir su siguiente dosis.

Afortunadamente, muchos hombres solteros están conscientes del vacío que ofrece el sexo casual, y por ello desean algo mejor. Saben que el sexo casual los va a dejar hambrientos, y lo que más desean es estar satisfechos. Para un hombre así, enamorarse y casarse se siente como al fin haber encontrado su verdadera morada.

Usted se podría preguntar si esos hombres realmente existen. Yo sé que sí, porque los he conocido; algunos están en mi familia. Pero por encima de todo, sé que existen porque para que el propósito de Dios con respecto al amor y el sexo se cumpla, los hombres y las mujeres deben ser capaces de sentir ambas cosas al máximo.

ocho
diciendo sí en serio

Algunas personas que realmente no saben lo que significa la castidad suponen que es demasiado simplista para los adultos sofisticados, una reliquia de la época en que los escolares recibieron el mensaje antidroga: «Sólo di que no». La verdad es que tiene muchos más matices. En el lenguaje de la castidad, no significa sí, y sí significa no. No me refiero al consentimiento, sino a los asuntos detrás del consentimiento. Cuando usted dice sí o no, ¿*a qué* le está diciendo realmente sí o no?

La cultura moderna acoge el relativismo, la idea de que mi «verdad» no es mejor que tu «verdad», y viceversa. Pero cuando se refiere a sexo, se invierten los papeles. Los que supuestamente están a la moda ven las cosas sólo en blanco y negro, mientras que la contracultura casta ve tonos ilimitados de color gris.

Usted puede ver el contraste en perspectiva a través de la manera en que la cultura popular iguala a la castidad con la abstinencia. En realidad, aunque la abstinencia del sexo puede ser parte de la castidad, el concepto de la castidad va mucho más allá del mantener las piernas cerradas. Es una disciplina que involucra la mente, cuerpo y espíritu.

Una puede ser abstinente y no ser casta; yo he sido así cuando me he dejado absorber por las fantasías sexuales. Asimismo, si una está casada y trata a su pareja con amor, una puede ser casta y no abstenerse del sexo.

El concepto del sexo según los relativistas está centrado en los genitales y crea una línea divisoria clara, pero al final rebaja al hombre al nivel de un animal cuya experiencia sexual está limitada a las sensaciones físicas. Las castas saben que el sexo es más que babear, suspirar, empujar y disparar. De igual manera, ellas saben que decir sí tiene muchos más niveles de significado que simplemente: «Hazlo conmigo».

En su carta a los filipenses, Pablo escribió: «Ocupaos en vuestra salvación con temor y temblor» (2.12). Cuando yo, a la edad de treintiún años, por primera vez estuve consciente del poder salvador de Cristo, tuve *mucho* de qué ocuparme.

Sabía que como nueva cristiana, ciertas cosas se esperaban de mí. Este don de la fe, que llegó inesperadamente, requería que me esforzara hacia arriba. Aunque aún no comprendía la naturaleza de la castidad, sabía que tenía que dejar de usar a hombres o ser usada por ellos sexualmente.

Sin embargo, había una voz fastidiosa dentro de mi mente que decía que los pecados sexuales eran de poca importancia en la lista de manías de Dios.

Pensé en la popular calcomanía «Los cristianos no son perfectos, sólo perdonados». Tomando eso en cuenta, me imaginé una especie de red de seguridad sexual. ¿Suena algo pervertidillo? Lo era. Decidí que realmente iba a tratar de evitar el sexo pre conyugal, pero si fallaba, sabía que todo lo que tenía que hacer era pedir perdón a Dios. Entonces, según Sus propias reglas, tenía que dejarme regresar a la lista de espera para entrar al cielo.

Lo que le faltaba a mi teología era el entendimiento de la naturaleza del pecado.

Aunque mi conversión había sido dramática, sanándome no sólo de mi incredulidad, sino también de la depresión que me había plagado desde mi adolescencia, aún tenía una idea errónea de lo que realmente sucedía cuando infringía un mandamiento. (El sexo fuera del matrimonio quebranta el mandamiento en contra del adulterio. Si el deseo de su corazón es que un hombre prometa amarla, honrarla, y valorarla mientras que vivan ambos, entonces también quebranta la regla de oro.)

Sin darme cuenta, estaba tratando las reglas de Dios como si fueran arbitrarias. Quizás creí que estaban allí simplemente para protegerme de posibles repercusiones terrenales por la mala conducta. Tomando eso en cuenta, Dios era un utilitario, con el mandamiento en contra del adulterio como un simple consejo útil para evitar que me convierta en una mujerzuela.

Por primera vez comencé a notar los agujeros en mi red de seguridad sexual como unos seis meses después de convertirme en cristiana, mientras asistía a una feria llena de coleccionistas de música de la ciudad de Nueva York. Una conocida voz varonil con acento inglés llamó por encima del ruido de los comerciantes de discos y sus clientes.

«¡Dawn!»

Yo volteé y reconocí un viejo enamorado que no había visto en mucho tiempo. «Jack» era un autor de cuarenta y pico de años, que fumaba imparablemente Camels. Aunque no podía soportar el humo, él me conquistó con su ingenio, encanto, y buena apariencia (solían confundirlo con el actor francés Gerard Depardieu).

Me dejé arrastrar tanto que estuve con él aun después de que me dijo que no podía limitarse a una sola mujer. Fue el peor error que cometí en una relación, quizás el peor error, y punto.

Ahora, frente a frente con Jack por primera vez en tres años, estaba que me moría de vergüenza.

Sin querer mostrar mis sentimientos en público, sonreí y pretendí que no había pasado nada, le dije que se veía muy bien —estaba más delgado de lo que recordaba. La mirada en sus ojos me dijo que había dicho lo equivocado.

Al darle otra mirada me di cuenta que Jack no sólo estaba más delgado. Su rostro estaba demacrado, con arrugas profundas que no habían antes.

Tenía una clase rara de cáncer, una especie diferente que irónicamente *no* estaba ligada a su fumar.

Jack me contó cómo estaba luchando contra la enfermedad, cambiando su dieta, etc. «Estoy decidido a vencer esta cosa», dijo él. Pero había algo en la manera en que lo dijo que me hizo saber que no.

Agarrando nerviosamente mi collar que tenía una cruz le pregunté si era religioso. Me dijo que no lo era en lo más mínimo; de hecho, era muy cínico en cuanto a la fe.

No sabía cómo responder como nueva cristiana. Al tratar de recordar el consejo del apóstol Pablo, dije algo sobre «dar muerte a los malos hábitos del cuerpo» (ver Romanos 8.13). Le quise decir que debería ser casto, pero la forma en que salieron mis palabras, sonó bastante morboso.

Esa fue la última vez que vi a Jack. Al año siguiente, leí en un periódico local que había muerto de su enfermedad.

Me perseguía la idea de Jack acostado en su lecho de muerte sin arrepentirse. Por primera vez, comencé a preguntarme qué efecto habían tenido mis acciones cuando no era casta en los hombres con quienes había tenido sexo. Yo puede que esté perdonada, pero ¿y qué de ellos?

Aun así, tenía mucha dificultad en transmitir el mensaje de castidad de mi corazón y mente al resto de mi cuerpo.

El momento crucial sucedió hace dos años, en una cita con un periodista colega de la ciudad de Nueva York por quien estuve loquita durante varios meses.

Supe desde el principio que Bill no tenía cualidades para el matrimonio. Era un don Juan, no compartía mi fe, y estaba chiflado por una mujer que aún llamaba novia a pesar de que ella se quedó fría del susto y se mudó a Australia.

¿Entonces, por qué estaba con él? La respuesta es la clásica excusa, una que, como dice una amiga mía, nunca sería aceptada en la corte: «Me sentía sola, Su Señoría». Una vez que usted se deja definir por su soledad, entonces está a un pequeño paso de transgredir sus creencias más atesoradas.

Bill y yo nos hallábamos en el sofá en su apartamento ubicado en West Village, en la primera fase de un proceso que conocía muy bien de mis días pre cristianos. Nuestra atracción, la cual se había cultivado por mucho tiempo en público estaba finalmente, según parece inevitablemente, saliendo a la superficie.

Me besó, y todo comenzó a suceder con gran rapidez. Estuvimos como a un minuto y medio de ir a su cama cuando de pronto me solté y me puse de pie.

«Yo —Yo no he hecho esto en mucho tiempo… y realmente me siento muy incómoda», dije.

Eso probablemente hubiera sido suficiente, pero tenía algo por dentro que tenía que sacar. De pronto, me encontré llorando.

Lo que me había remecido fue que al involucrarme físicamente con Bill, estaba faltándole el respeto a Dios. El Señor ya había escogido al hombre con el que me iba a casar, y todavía no lo había conocido. Jugar con alguien que tan claramente *no* era el que Dios había escogido para mí era en efecto decirle a Dios: «Te has tomado tu lindo tiempo. Bueno, no tengo que esperarte. De hecho, ni siquiera creo que estés jugando justamente. Puesto que no me estás dando lo que quiero, voy a tomar lo que pueda. ¡Ahí tienes, Sr. Omnipotente!»

Le expliqué todo esto a Bill, declamando dramáticamente mientras estaba parada ahí en la alfombra de su sala mientras estaba sentado en su sofá con expresión enigmática en su rostro. Debió de haber estado muy sorprendido, pero cortésmente me siguió en lo que le estaba diciendo mientras yo recobraba la compostura y me iba. Me fui a casa sintiéndome aún sola, pero con una sensación de que algo había cambiado. Por primera vez, me di cuenta que todas las veces que había dicho sí, en realidad había dicho no.

Cada vez que había dicho sí al sexo fuera del matrimonio, también le había estado diciendo no a la amistad de Dios. Aun más que eso, estaba impidiendo que mi compañero tuviera amistad con Dios al dejarlo actuar de una manera que iba en contra de la voluntad de Dios para él.

Digo «amistad» porque amistad es una calle de doble vía. Dios siempre está listo para ser nuestro amigo, pero Él sólo se puede asociar con nosotros si lo dejamos que sea Señor sobre cada aspecto de nuestras vidas. Jesús le dijo a sus discípulos: «El que me ama, mi palabra guardará; y mi Padre le amará, y vendremos a él, y haremos morada con él» (Juan 14.23). El Espíritu Santo no puede hacer Su morada en usted cuando le cierra la puerta.

Si usted quiere mejorar su vida, debe estar completamente abierta a experimentar las bendiciones que Dios tiene para usted. Por eso es que la castidad no se trata de decir no. Se trata de decir *sí*.

Ha habido muchos famosos síes a través de los años, desde la marca de detergente, a «Sí, no tenemos bananas», Yes, Virginia, There Is a Santa Clause [Sí, Virginia, existe Papá Noel], y el Sí [Yes] que grabó la canción «Owner of a Lonely Heart» [Dueño de un corazón solitario]. Sin embargo, hay un sí en la historia que sobrepasa a todos los demás. Se podría decir que es el sí que se escucha por todo el mundo.

El sí que cambió todo fue el que dijo María al ángel Gabriel: «He aquí la sierva del Señor; hágase conmigo conforme a tu palabra» (Lucas 1.38).

Gabriel le acababa de decir a María que por el poder del Espíritu Santo, su matriz virgen iba a concebir al Hijo de Dios. Ante este anuncio asombroso, la adolescente tuvo que tomar una decisión. Pudo haberse rehusado a creer, pudo haber protestado, incluso pudo haber dicho no.

En cambio, María abrió su corazón al Señor, y se puso a Su servicio. A causa de haberse humillado para hacer la voluntad de Dios, Él la colmó de toda bendición y gracia.

¿Qué significado tiene el sí de María para usted y para mí? La respuesta está en aquello a lo cual le dijo sí. Ella proclamó su deseo de servir a Dios después que el ángel le dijo: «Nada hay imposible para Dios» (Lucas 1.37).

¿Qué le es imposible a usted en este preciso momento? Le voy a decir unas cuantas cosas que me han parecido imposibles para mí:

- Sentirme segura
- Sentirme llena de gracia
- Sentirme atractiva
- Sentirme capaz
- Ser paciente
- Tener dominio propio
- Encontrar al hombre con quien quiera casarme
- Sostener una relación
- Casarme

Ninguna de estas cosas me resulta natural para mí. No puedo imaginarme lográndolas con mi propia fuerza.

Pasé años tratando desesperadamente de salvarme, intentando llegar a ser la persona que quería ser y conocer al hombre que quería conocer haciendo las cosas equivocadas. ¿Cómo llegué a sospechar que eran equivocadas? Bueno, para comenzar, no funcionaron...

Una muy bien conocida definición sarcástica de *demencia* es «hacer la misma cosa una y otra vez y esperar diferentes resultados». Por eso las revistas de mujeres, los programas de televisión, y las películas pueden enloquecer a uno. Dicen que todo lo que tiene que hacer es cambiar su peinado, subirse la falda, aprender un nuevo «truco sexual» (como si uno fuera una especie de mascota pornográfica), y entonces «él se enamorará de usted». Y las mujeres caen en esa trampa. Yo caí. Durante años me pasé pensando que si tan sólo fuera más bonita, más llena de gracia, más confiada, más esto o aquello, mi futuro esposo se enamoraría de mí.

No importa lo que hiciera, el éxito siempre me eludía. Era imposible.

Tan pronto como tomé el sí de María como mi modelo, un cambio fundamental barrió conmigo.

En un nivel, mi situación es la misma de antes: Todavía me gustaría sentirme más atractiva, apuesta, etc., y aún creo que las cualidades que deseo son imposibles que las logre por mis propios esfuerzos.

Lo que ha cambiado no es tanto lo que yo soy, sino lo que me estoy *convirtiendo*.

Por primera vez en mi vida, siento que estoy creciendo para ser más como la mujer que Dios quiere que sea.

Yo solía tratar de cambiar las cosas de mí que no me gustaban, pero nunca realmente creí en mi corazón que podía cambiar. Siempre parecía ser una batalla cuesta arriba. Ahora, cuando anhelo tener confianza, paciencia, o cualquiera de las cosas que deseo, yo creo verdaderamente que todo ello está a mi alcance.

Decir sí a la voluntad de Dios para usted significa decir no a pensamientos, palabras, y acciones que la separan de Él. No obstante, una vez que dice sí, todas esas cosas se vuelven mucho más pequeñas y poco importantes en comparación.

Imagínese ser una planta sedienta. Al decir sí a Dios y a cualquier cosa que Él tenga reservada para usted, usted está clamando por agua.

Una vez que lo recibe, usted por primera vez llevará el fruto espiritual que Él quiso que lleve.

Dios ha prometido esta «agua viva» a todo aquel que se lo pida, y no tengo duda de que eso la incluye a usted. Después de todo, en las palabras del apóstol Pablo,

«Todas las promesas de Dios son en él Sí» (2 Corintios 1.20).

nueve
merced tierna: reconectándose con su vulnerabilidad

Decir sí a Dios es un reto. Decir sí a un hombre es otro.

Lo que quiero decir con eso es finalmente dejar que un hombre conquiste tus sentimientos, no en una manera pragmática, como quien dice: «Tomemos las cosas como vengan y veamos como sale todo»; sino de una manera que dice: «No hay nada que hacer. Estoy enamorada, y permaneceré así hasta las últimas consecuencias».

Puede que crea que se enamora con mucha facilidad. Le puede parecer que las mujeres que tienen sexo antes de casarse lo hacen porque están más abiertas a una relación que aquellas que acogen la castidad.

No voy a negar que algunas solteras sean abstinentes por temor a la intimidad sexual. Yo llamo a esas mujeres abstinentes, no castas, porque en la castidad no hay temor. No obstante, cuando una mujer soltera que quiere casarse se halla en relaciones sexuales sin salida, ella no está tratando de dejar que entren hombres. Está tratando de dejarlos *afuera*.

Si tiene usted hambre de intimidad pero teme el rechazo, es mucho pero *mucho* más fácil dejar que un hombre toque su cuerpo que dejarlo que le toque el corazón.

La columnista de sexo del *Village Voice*, Rachel Kramer Bussel, lo ha admitido. «Yo ofrezco mi cuerpo mucho más rápido que mi corazón», escribió una vez en su columna «Lusty Lady», «porque me puedo alejar del sexo casual, no importa lo fuerte de la conexión, y no me encuentro llorando, esperando a que suene el teléfono, o contemplando el modo de pensar de la otra persona».

Esas racionalizaciones son muy comunes entre las mujeres solteras, porque crean una fantasía tentadora: todo lo que se tiene que hacer es disminuir sus expectativas y usted también puede disfrutar toda la pasión y excitación del sexo casual, sin sentir el dolor de la inevitable separación.

Yo intenté mucho aceptar esa fantasía, porque creía que un hombre tenía más posibilidades de enamorarse de mí después de tener sexo y no antes. Además, yo sentía una especie de derecho. Yo *merecía* un alma gemela. Si Dios no estaba cumpliendo Su parte del trato en enviármelo, entonces yo creía que tenía todo el derecho de obtener placer donde pudiera.

Mi mentalidad era afín a la de una niñita que se portó bien todo un día y que cree que se merece un helado. ¿Conque mamá y papá no me van a llevar a la heladería Baskin-Robbins? ¡Ya verán! Me voy a embutir de helados de malvavisco.

Admito que es posible alcanzar la fantasía del sexo casual sin aparentes consecuencias emocionales, así como es posible comer helados de malvavisco como desayuno, almuerzo y cena y nunca tener caries. En el caso de comestibles con mucha azúcar, no tendrá caries si come mientras usa un protector bucal de boxeador. Asimismo, con el sexo casual, no se lastimará, siempre y cuando adopte un caparazón duro. Pero si hace eso, se estará exponiendo a una ironía dolorosa.

Yo descubrí la ironía bastante tarde: la misma armadura que me permitió tolerar el sexo casual me hizo menos atractiva para la clase de hombre que más deseaba.

Los hombres profundos rápidamente se daban cuenta que yo tomaba el sexo muy a la ligera. Lo que es peor, me acostumbré tanto a verme a mí misma y posibles compañeros como objetos del deseo físico que no era capaz de entregarme. Trataba de arrastrar a las nuevas relaciones, en contra de los deseos de mi corazón, al mínimo común múltiplo, y después me preguntaba por qué los hombres más sensibles no se quedaban conmigo.

Hasta la fecha, cuando veo a una mujer en una fiesta besándose borracha con un hombre guapo que recién ha conocido, o incluso llevándolo a casa, parte de mí la envidia. Es una emoción como de droga el repentinamente derribar las barreras físicas con un hombre. Desde que me volví casta ha habido innumerables veces en que, mientras hablaba con un guapito, he pensado en lo fácil que sería estremecerlo repentinamente con un beso rompe barreras.

Cuando siento esa tentación, recuerdo los días en que tenía sexo casual y regreso a tierra firme. En aquellos días yo aún dormía sola la mayoría de veces. Cuando así era, las noches eran más solitarias de lo que son ahora, porque después de cada supuesta relación, regresaba a cero. No importa cuán experta me había vuelto en el arte de levantar a hombres (y déjeme decirle, a pesar de lo que la revista *Cosmo* diga, no se requiere ninguna habilidad de alto nivel), no estaba mejorando en tener una relación genuina, y yo lo sabía.

El darme cuenta que había adormecido mis sentimientos por el placer físico me ayudó a cobrar la fortaleza de resistir el sexo casual.

Lleva tiempo sanar la herida, pero hay algunas sorpresas divertidas en el trayecto. La sorpresa más grande para mí ha sido descubrir lo mucho que hay para *gustar* de los hombres.

Ahora noto cosas de los hombres en mi vida que nunca antes había notado, como su consideración, su amor por la familia, su integridad, incluso su vulnerabilidad. Estas son cualidades intangibles que no resaltan inmediatamente cuando se tiene la mentalidad de verlos sólo como posibles citas amorosas. Cuando ponemos todas estas cualidades juntas obtenemos como resultado carácter. Es la cualidad más importante que buscar en un esposo, y la que menos se discute en la actualidad.

Asimismo, cuando usted se vuelve casta, notará por primera vez que las mujeres que tienen sexo fuera del matrimonio en realidad no aprecian a los hombres. Usted no puede ver esto cuando está teniendo sexo premarital, porque no se da cuenta de lo mucho por lo cual realmente apreciar a los hombres. Cree que por el solo hecho de estar atraída a ellos y que parezcan ejercer gran poder sobre usted, demuestra que los aprecia por lo que son. De ahí en adelante es un pequeño paso al estereotipo cínico de la cultura popular que todos conocemos: la mujer soltera llena de sabiduría terrenal que «ya lo sabe, ya lo ha hecho» y que no confía en los hombres más allá de sus narices.

En la televisión y en las películas, si una mujer soltera se hace amiga de un hombre, el tipo, la mayoría de veces es un homosexual. El mensaje es que los hombres heterosexuales no son capaces de tener amistad, o ni siquiera que sean dignos de ella. En contraste, los homosexuales son representados como personas con las que una se puede sentir segura, no representan una amenaza, son de confianza, y tienen más que dar que los hombres heterosexuales.

Imagínese si se voltearan las cosas. Imagínese viendo una comedia de televisión donde todos los hombres homosexuales son unos cavernícolas, mientras que los amables, considerados hombres heterosexuales siempre están listos a ayudar a sus amigas sin pedir favores sexuales a cambio.

Si usted viera un programa así, pensaría que los productores realmente se las tenían en contra de los homosexuales. Sin embargo, muchas mujeres toleran ese estereotipo en contra de los hombres hete-rosexuales porque están condicionadas a esperar que a los «hombres masculinos» les falte carácter. Parte de este condicionamiento viene de los medios de comunicación, pero una gran parte, yo diría la mayoría, viene de las perspectivas deformadas de esas mujeres, producidas por la naturaleza superficial de sus experiencias en citas amorosas.

Cuando yo tuve sexo premarital, me acostumbré a verme como una mercancía, una recolección de apariencias, ingenio, intelecto, y un «*yo no sé qué*». Buscaba hombres cuyas mercancías valían lo mismo que la mía.

Sobre todo, buscaba hombres cuyas mercancías eran evidentes. El ambiente de soltero no se le conoce por su sutileza. Los hombres que eran reservados o modestos, que no coqueteaban al instante, que no estaban sintonizados a mis vibraciones de soltera, la naturaleza de mi mentalidad de tener sexo casual los sacaba de la carrera.

¿Es de sorprenderse, entonces, que yo tuviera tendencias de salir con narcisistas? ¿Y que yo creyera que si los dejaba alcanzarme emocio-nalmente me iban a lastimar? Así que construí muros de protección. Pensaba que estaba «cuidando mi corazón».

Hoy, veo esos muros por lo que son, y parecen tener mal instalada la protección climática. No hacen nada de lo que se supone que deban hacer. Los vientos fríos del rechazo se filtran, y las brisas tibias del amor son amortiguadas.

Aún tengo mucho que aprender acerca de mantener una relación duradera, pero creo firmemente que durante el tiempo que he pasado esforzándome en la castidad, la dureza que los hombres percibían en mí se ha estado derritiendo gradualmente. En su lugar hay apertura y una vulnerabilidad que me hace más susceptible a ser lastimada, sin embargo infinitamente más capaz de mantener más que una relación, sino una *vocación*, la vocación del matrimonio.

Cuando tenía trece años, mi madre y yo visitamos Londres, donde pasamos un día en un bote sobre el río Támesis. Cada cierto tiempo, el bote tenía que parar en una esclusa. Recuerdo que las esclusas eran una especie de represas pequeñas. Tenían puertas que gradualmente dejaban entrar agua a la parte del río donde estábamos, hasta que el bote alcanzaba el nivel adecuado como para deslizarse a la siguiente sección.

Yo comparo estar enamorada con estar en ese bote en el río Támesis, llevada por la corriente hasta que llego a una de las esclusas. Luego tengo que esperar a que entre el agua para que me lleve al siguiente nivel. Al final, sigo avanzando y el agua sigue haciéndose más profunda. Pero tengo que pasar por las esclusas, una por una.

Los temores, como las esclusas, pueden hacerla sentir como si estuviera inmóvil sobre el agua. Pero, como dice el eslogan de autoayuda: los sentimientos no son hechos. Mi madre lo dice mejor: no son la verdad. La verdad siempre es amor, y amor, contrariamente a la creencia popular, no es un sentimiento. El amor es una *presencia*.

Piense en cómo recibimos la luz solar. Desde nuestra perspectiva, la luz del sol se hace una curva según sea la hora y la estación. En el transcurso de un día, la sombra del reloj del sol dará una vuelta completa.

Un giro de 360 grados, así describimos a ser apasionado. Los cambios del sol pueden ser predecibles, pero igual son radicales.

No obstante, el sol nunca se mueve. Solamente es porque nosotros nos movemos que su sombra parece ser caprichosa.

Así es con Dios. Él es el mismo ayer, hoy, y por los siglos. Pero cómo nos ubicamos en relación a Él puede cambiar nuestra vida entera.

¿Está usted en una posición hoy en la cual, como una planta en una repisa de la ventana al mediodía, puede recibir la luz directa de Dios? ¿O se le está acercando desde un ángulo, dejando que Su luz la toque en ciertas partes mientras protege celosamente el resto de su persona en la sombra?

No sea tímida. Yo tengo mis sombras —muchas de ellas. Cada vez que alguien me enoja por hacerme mover mi bolsa del asiento del metro que está a mi costado para que esa persona se pueda sentar, ese resentimiento es una sombra. Cada vez que me felicito por mi dominio propio mientras que estoy celosa de aquellas que disfrutan los placeres que he dejado, eso es una sombra (en realidad dos: orgullo y envidia). Cada vez que digo o envío un email desdeñoso a alguien sin razón alguna excepto el hecho de que me cae mal, eso es una sombra. Y cada vez que me resiento con alguien por no ser algo que nunca podría ser aun si lo intentara, eso es una sombra.

Es difícil dejar nuestras sombras, en parte porque estamos cómodos con la manera que somos, quizás no felices, pero cómodos. Aun más, pueda que no confiemos que Dios *pudiera* iluminar nuestras tinieblas si se lo pidiéramos, y la idea de que Él nos decepcione evita que corramos el riesgo.

Alguien como yo, que cree en Dios pero al mismo tiempo se aferra a algunas sombras, está actuando sobre la base de la suposición de que Dios tiene el poder de cambiar algunas áreas de nuestras vidas, pero no otras. Aunque es cierto que no podemos depender en que el Señor conteste cada necesidad específica en nuestras vidas, hay ciertas bendiciones espirituales suyas que *siempre* están a la disposición por medio del Espíritu Santo. Lo que es más, Él las da más rápido, y abundantemente, que lo que podemos imaginar. Aquí hay sólo cuatro de ellas:

- **Sabiduría**. «Porque Jehová da la sabiduría, y de su boca viene el conocimiento y la inteligencia» (Proverbios 2.6). «Y si alguno de vosotros tiene falta de sabiduría, pídala a Dios, el cual da a todos abundantemente y sin reproche, y le será dada» (Santiago 1.5).

- **Fortaleza**. «Le pido que, por medio del Espíritu y con el poder que procede de sus gloriosas riquezas, los fortalezca a ustedes en lo íntimo de su ser» (Efesios 3.16, NVI).

- **Esperanza**. «Que el Dios de la esperanza los llene de toda alegría y paz a ustedes que creen en él, para que rebosen de esperanza por el poder del Espíritu Santo» (Romanos 15.13, NVI).

- **Perseverancia**. «Que el Dios que infunde aliento y perseverancia les conceda vivir juntos en armonía, conforme al ejemplo de Cristo Jesús» (Romanos 15.5, NVI).

Sin embargo, aun esas bendiciones, que pido en oración todos los días, realmente no son necesarias si tomo el pequeño atajo de Dios: reconocer y ser parte de la presencia que es Su amor. Lo llamo «Pequeño atajo de Dios» porque ningún otro regalo que Él da es completo sin esto y por sí solo sobrepasa a todos los regalos.

La idea del amor como una presencia y no una pasión es tentadoramente similar a la definición de fe que se nos da en Hebreos: «la certeza de lo que se espera, la convicción de lo que no se ve» (11.1). Le da al amor una tangibilidad y certeza que normalmente no sentimos en la vida cotidiana, excepto por los momentos en que contemplamos a aquellos que más queremos. Aun más que eso, el amor como una presencia sugiere algo que es ineludible, sin forma, algo que se puede concebir llenándolo todo.

La idea de esta presencia fluida es un consuelo cuando confronto mis propios temores e inseguridades, las esclusas como las del río Támesis que evitan que me entregue a mí misma. Ayuda inmensamente saber que aunque las esclusas me puedan desanimar, el río del amor existe lo sienta o no. Lo que es más importante, las esclusas no continúan indefinidamente. Sé con todo mi corazón que en este río en que me encuentro, un día pasaré por una de ellas y descubriré que me conduce al mar.

diez
la iniquidad de mis talones:
una suela en peligro

El escritor de blogs Charles G. Hill de Dustbury.com indica que ya sea que usted crea que la influencia del programa de televisión *Sex and the City* haya sido positiva o negativa, no se puede negar que «la ex serie de la cadena HBO sí tuvo un impacto en la cultura popular, al punto que ha tenido un efecto pequeño pero perceptible en los zapatos de mujer, promoviéndolos un tanto en la dirección de la mera frivolidad».

Me acordé de ese aspecto de la influencia del programa camino de regreso a casa de mi trabajo nocturno de periodista, yendo por las calles oscuras en mis zapatillas marca Easy Spirit Level 2. (Level 2 es «para caminantes avanzados que tienen actividades de intensidad media».) Estaba leyendo Salmo 49, donde encontré la clase de pregunta deliciosamente misteriosa típica de un versículo del rey David: «¿Por qué he de temer en los días de adversidad, cuando la iniquidad de mis opresores me rodeare?» (v. 5).

«La iniquidad de mis *talones**». Sé exactamente lo que eso significa. Es un mensaje personal para mí. Hablaremos de eso más tarde.

---

*Esta es en realidad la palabra usada en hebreo, que la Reina Valera, 1960 traduce en su sentido figurativo de «opresores».

Pero ¡caramba! Si no es también una metáfora *perfecta* de las chicas de *Sex and the City*.

El personaje del programa, Carrie, interpretado por Sarah Jessica Parker, literalmente carga con el peso de la soltería, en la punta de sus tacos. Ella es famosa por usar zapatos de diseñador sumamente caros con tacos del diámetro y longitud de un lapicero. Los zapatos aprietan los dedos hasta formar una punta pequeñita —algo que Parker por lo visto puede soportar naturalmente, pero que demostró ser tan dificultoso para sus imitadoras que podólogos comenzaron a ofrecer cirugía para serruchar el dedo gordo.

Como cualquier aficionada al uso de zapatos de taco alto le puede decir, la distinción del zapato va mucho más allá de la marca de su diseñador. Los tacos altos alteran la postura de una mujer, haciéndola parecer más vulnerable en todas las formas: desde la manera obvia en que la hacen balancear, rebotar, y tomar pasos más cortos, hasta la manera sutil en que hace que partes de ella se metan y otras sobresalgan.

En consecuencia, para la mujer que quisiera ser como Carrie, la iniquidad de sus talones realmente le queda muy bien. Los zapatos que este personaje de televisión favorece, nuevamente, no los zapatos bajos comunes, sino las puntas tambaleantes de un kilómetro de alto, muestran a la que los usa como una posible compañera sexual indefensa y sumisa, de ahí el apodo callejero irrepetible que se les ha dado. (Si realmente quiere usted saberlo, es la expresión vulgar que equivale a decir «zapatos acuéstate conmigo».) De ahí, casi inevitablemente terminan dirigiendo la conducta de la que los usa. Ella claramente se posiciona como un objeto, y de esta manera ella trata a otros como objetos también. Una vez que usted se presenta como el medio para lograr un fin, usted se ve forzada a ver a otros con el mismo lente superficial.

¿Entonces dónde me deja eso con mis Easy Spirits toscos y anticuados? En realidad no muy lejos de Carrie, sólo que al lado opuesto de la misma punta de los zapatos Manolo Blahnik.

Las cansadas aventuras de las que van de cama en cama en *Sex and the City* pueden ser ficticias, pero la popularidad del programa es mayormente porque las solteras se pueden identificar con la patología común de las protagonistas. La sensación de los personajes de sentirse separadas entre sí y de Dios, parte de la condición humana, aumenta en su oscuro e insidioso temor al rechazo.

Ese mensaje se me hizo personal recientemente cuando desperté de golpe de un sueño perturbador a medianoche. Me di cuenta que había tenido este sueño muchas veces antes, pero no lo recordaba cuando estaba despierta.

Era un sueño en el que tenía apretado a un hombre mientras estaba encima de mí en la cama. No estábamos teniendo sexo, sólo estábamos bien abrazados. Tenía la forma de una escultura majestuosa del Renacimiento, el David de Miguel Ángel cobrando vida. Podía ver su piel de marfil casi traslúcido y su espalda. Su barbilla estaba encima de mi hombro izquierdo de manera que no podía ver su rostro. La sensación de su espalda y hombro debajo de mi mano derecha era maravillosa, y totalmente real.

Pero entonces mi mente despierta comenzó a regresar y me di cuenta que no me había acostado con nadie. Sabía que había estado soñando, y comencé a temer que en realidad estuviese siendo abusada sexualmente por un intruso. Así que comencé a despertarme, abriendo mis ojos...

...y el hombre del sueño comenzó a desvanecerse.

De inmediato, sentí esta terrible sensación de pérdida, y traté de dejar de despertarme. Pero fue demasiado tarde, estaba sola en la cama, la sensación de la presencia de un hombre se había ido.

Lo único que se quedó conmigo fue esa última sensación terrible del desvanecimiento de la carne debajo de mi mano y la impotencia de no ser capaz de detenerlo. Quería aferrarme tanto a este fantasma, pero no pude.

Sólo después, al sacar mi Biblia de bolsillo de los Gedeones y leer el salmo 49 mientras caminaba por las oscuras calles, me di cuenta del significado: la iniquidad de *mis* talones era el temor al rechazo, representado en ese intento patético de agarrar el aire.

Ya que tan sólo tenía cinco años en ese entonces, no me acuerdo del día en que mi padre se fue de la casa. Hablando de manera práctica, quizás no hubiera marcado una gran diferencia en mí, pues su trabajo requería que estuviese fuera de la ciudad la mayor parte del tiempo. Pero sí recuerdo lo que fue para mí y mi hermana crecer con una madre soltera que llevaba la cicatriz que le dejó su fracaso matrimonial.

Así que, mi realidad desde los cinco hasta más o menos mis veinticinco años de edad era de que el divorcio de mis padres había dejado sola a mi madre y, a pesar de todos sus esfuerzos, no podía encontrar a un hombre que se comprometiera, mientras que mi padre estaba emocionalmente distante.

Con el transcurso del tiempo, la situación de ambos padres cambiaría; mamá se casó con un hombre que se comprometió totalmente con ella, y papá hizo un esfuerzo sincero y profundo por alcanzarme. Pero la niña es la madre de la mujer, y las circunstancias en que nos criamos determinan cómo reaccionamos al mundo. Yo crecí creyendo que los matrimonios no duran, los hombres van y vienen como les place, y los hombres más deseables son los que menos se pueden alcanzar.

Aun como adolescente que comenzaba a salir con chicos por primera vez, no era una estúpida. Sabía que tenía ideas preconcebidas de los hombres que iban en contra de mi fantasía de enamorarme y casarme.

A decir verdad, sabía que tenía un temor patológico al rechazo en forma práctica antes de que se me hubiese rechazado. Lo que no sabía era que eso realmente me lastimaría.

Lo que no comencé a darme cuenta sino hasta tener poco menos de treinta años, después de aguantar casi el mismo número de veces que Carrie y sus amigas tuvieron rupturas con hombres en las primeras dos temporadas de *Sex and the City*, fue que hay otro lado de la moneda en el temor al rechazo. Es el temor a la intimidad.

Antes de descubrir ese otro lado, si usted me hubiera preguntado si temía la intimidad, yo inmediatamente me hubiera lanzado a la defensiva. ¿Cómo podía temer a la intimidad cuando casi siempre era yo a la que salían botando?

En todo caso, creí, mi problema no era que fuese distante, sino que escogía a hombres distantes. A menudo eran literalmente distantes. Al trabajar en la industria de la música, tenía una habilidad especial para conocer a músicos o periodistas de música que vivían al otro lado del país o incluso del océano.

Esa era la pequeña grabación que retumbaba en mi cabeza todos los años que jugué a las citas amorosas: la intimidad no es mi problema; es el de *ellos*.

Después, cuando cumplí veintinueve años y estaba separándome dolorosamente de otro enamorado a larga distancia, algo rompió mi círculo vicioso.

De vez en cuando, si usted escucha a su conciencia, le dirá algo que realmente siempre lo había sabido, pero que no estaba dispuesta a admitirlo.

Un día escuché a mi conciencia, y me dijo por qué casi todas mis relaciones habían sido tan breves, y por qué había tenido tantas aventuras sexuales de una noche.

Me dijo que tenía miedo a la intimidad. El temor, me di cuenta, surgía de saber que si dejaba a un hombre convertirse en mi obsesión, me iba a volver vulnerable al golpe demoledor del rechazo.

A la luz de eso, mis aventuras sexuales de una noche, que habían parecido tan espontáneas y apasionadas, de pronto se volvieron frías y clínicas. No se trataban de la excitación sino del control.

Anhelaba las relaciones estrechas, pero no podía correr el riesgo. Si era inevitable una ruptura, y yo estaba convencida de todo corazón que así era, entonces la mejor manera de protegerme era acelerar toda la relación.

Puesto que un hombre no me tomaría en serio si me acostaba con él demasiado pronto, entonces lo hacía inmediatamente. De esa manera, cuando me iba de su apartamento en la mañana sabía que no había la necesidad de dejar cosas mías. No habría incertidumbre. El dolor de la separación llegaría, pero no me impactaría tanto porque lo vería antes que sucediera.

Darme cuenta de eso fue el inicio de mi sanidad. Ya no podía echarles la culpa a otros por mi soledad. En cambio, en las palabras del caricaturista de *Pogo*, Walt Nelly: «Hemos encontrado al enemigo y es nosotros».

Existe aun otra dimensión del temor al rechazo, y puede impactarlo incluso si usted es la que realiza el rechazo. Es el temor al desprendimiento.

Recuerdo cuando, antes de mi adolescencia, encontré un ejemplar de *The Catcher in the Rye* [El receptor en el centeno] de J. D. Salinger en la repisa de mi madre y lo leí por primera vez. Aun a esa edad tan tierna, me impactó el final del libro, en el que Holden Caufield advierte que si alguna vez usted le cuenta sus experiencias a alguien, comenzará a extrañar a todo el mundo.

Algo había en las palabras de Salinger que me acosaba. En cierta forma, aún me acosa el día de hoy, aun cuando oro para que Dios ordene mis anhelos de acuerdo a Su voluntad.

Es porque siempre he tenido temor a perder gente, no sólo mis seres queridos, sino cualquiera que haya sido importante para mí, aun si ya no estoy cerca a esa persona.

Una manera en que he tratado de aferrarme a relaciones pasadas es guardando cartas de mis ex enamorados. No importaba si yo había sido la que inició la ruptura o no, yo conservaba cada nota sentimental, cada tarjeta barata de cumpleaños, cada correspondencia electrónica casual.

Hace unos cuantos años, casi al mismo tiempo en que comencé a confrontar mi temor a la intimidad, me comencé a dar cuenta que al guardar esas cartas, estaba reforzando mi propia inseguridad. Era como si sintiera la necesidad de probar que alguien, en algún lugar, una vez me quiso. Al aferrarme a esos trofeos, estaba aferrándome al temor de que ningún hombre me volviera a querer. Así que, poco a poco, comencé a destruir viejas notas, tarjetas, y correspondencia electrónica cada vez que las encontraba.

Destruir de veras una carta de un ex enamorado me hacía sentir terriblemente. A veces lloraba cuando lo hacía. Era como si los sentimientos que tenía mi enamorado por mí estaban de algún modo aún vivos hasta que los mataba al romper su carta o, si era una correspondencia electrónica, al presionar la tecla de borrado.

Pero una vez cometido el acto funesto, ¿sabe qué? ¡Qué alivio!

Era como si se me hubiera quitado un peso de mis hombros. Por fin me podía desprender de todo eso.

Desprenderme de un ex enamorado en vivo es otro asunto.

Yo rompí con mi último enamorado después de haber andado con él por seis meses. Fue otra relación a larga distancia, y en consecuencia, me llevó mucho tiempo reconocer diferencias de personalidades que hubieran surgido rápidamente si él hubiera vivido cerca. Aunque sabía que era la decisión correcta, casi todos los días tenía que evitar escribirle o llamarle. Ojalá pudiera decir que fue porque lo extrañaba… pero esa no era la razón.

El motivo por el cual quería contactarlo era porque quería saber que aún me quería de algún modo.

No podía soportar la idea de que un hombre que una vez se animó al escuchar mi nombre, que tomó interés ferviente en los más pequeños detalles de mi vida diaria, pudiera gradualmente perder su preocupación por mí.

También existía la posibilidad de que estuviera enojado conmigo por haber iniciado la ruptura, pero esa idea no me preocupaba de la misma manera. No era el enojo lo que temía. Era la apatía.

En momentos como ese, siento un vacío dentro de mí, y me doy cuenta de que si sigo a la tentación de aferrarme al hombre que se ha marchado de mi vida, ese vacío jamás será llenado.

La verdad es que no tengo derecho a tener un hombre que se preocupe por mí. El hecho de que crea que la persona correcta se *preocupará* por mí y será mi marido no es porque lo merezca, sino porque el amor perdurable entre un hombre y una mujer redunda la gloria de Dios.

No hay pecado en desear ser amada. La iniquidad viene por dejar que nuestro deseo nos gobierne, a tal punto que nos separamos de Dios, vamos en pos de algo o alguien que no es lo mejor que Él tiene para nosotros. Mi temor a desprenderme, entonces, es iniquidad porque me hace anhelar un hombre con quien no me puedo casar, o uno que sé en mi corazón con quien no me debería casar.

El apóstol Pablo compara la vida de fe con una carrera: «¿No sabéis que los que corren en el estadio, todos a la verdad corren, pero uno solo se lleva el premio? Corred de tal manera que lo obtengáis» (1 Corintios 9.24).

Por eso es tan importante enfrentar la iniquidad de sus talones, cualquier inseguridad emocional que la esté persiguiendo, *antes* que intente comenzar una nueva relación. Tratar de llegar hasta las últimas consecuencias cuando usted está acosada por temores tiene tanto sentido como tratar de correr una maratón con zapatos de taco alto.

Una cosa maravillosa de estar en una relación que crece es ese momento crucial en el que usted se da cuenta que la otra persona no se marcha. O por lo menos no tiene la intención de marcharse, y usted tampoco, y por lo tanto, puede bajar el nivel de alerta de su temor al rechazo de código rojo a naranja, o incluso amarillo.

Cuanto más tiempo esté fuera de una relación, más fácil será olvidar que su habilidad de entablar una relación depende de su habilidad de superar su temor. Suena paradójico, y hasta cierto punto lo es; estar atraída a alguien incluye por naturaleza el deseo de no separarse de esa persona. Sin embargo, es posible cultivar un temor al rechazo a tal grado que se convierte en efecto en otra persona en la relación. Y como el amante imaginario en mi sueño, cuanto más se aferra, más sola se sentirá.

Ah, sí, mi amante imaginario. Después que me desperté a medianoche y me di cuenta que había tenido el mismo sueño muchas veces, y que siempre terminaba al despertarme sola, agarrando aire, decidí nunca más tenerlo.

La siguiente vez que tuve ese sueño acerca del hombre misterioso sexy que siempre desaparecía al último minuto, yo en verdad le ordené que se fuera antes que desapareciera.

La experiencia me dejó con una sensación de victoria, como la vez en que, en medio de mi enésima pesadilla de repetir la secundaria, de pronto exclamé: «Un momento, ¡esto es loco! ¡Ya no estoy en la secundaria! ¡Ya me he graduado!»

De la misma manera en que nunca volví a tener otra pesadilla acerca de la secundaria, así también el Sr. Desaparición por Arte de Magia no ha regresado. No lo extraño.

A veces trato de actuar como si hubiera superado mi temor al rechazo, pero parece que cuanto más sabia pretendo ser, más me rodea la iniquidad de mis opresores. En resumidas cuentas, una vez que usted no está satisfecha con su propia conducta, sólo hay dos cosas que le darán la sabiduría y la motivación para hacer los cambios necesarios: tiempo y oración.

Después que menciona «opresores», salmo 49 prosigue a decir: «Dios redimirá mi vida del poder del Seol» (v. 15). Yo creo que esa y otras promesas significan que Él inicia su obra redentora en mí cuando estoy de *este* lado de la tumba, amoldándome a su semejanza y transformando mi debilidad en fortaleza.

Dios también dice que oremos y no desmayemos (ver Lucas 18.1). Quizás esa es Su manera de mantenerme alerta.

once
íntimo y personal

La otra noche me encontré con una mujer que conozco que me informó que estaba tan insatisfecha con el calibre de los hombres que estaba conociendo por medio de su círculo social que había puesto un anuncio personal en un sitio web.

Desafortunadamente, añadió, el sitio, uno de los más grandes en la industria, había resultado hasta el momento un fracaso. Las cinco respuestas que había recibido en la semana de estreno de su anuncio abarcaban desde pervertidas hasta estúpidas. ¿Pero qué podía esperar? Según una encuesta en ese sitio, ella era compatible con sólo 4 por ciento de sus miembros.

Un mísero cuatro por ciento. ¡Qué triste! Le dije la frase de costumbre: «Pobrecita».

No fue sino hasta que llegué a casa que me di cuenta.

Suponiendo que las estadísticas del sitio web fueran ciertas para la vida real, y suponiendo que lo que aprendí en matemáticas en el quinto año sigue vigente, La Chica del Anuncio Personal puede en teoría entrar a cualquier salón con veinticinco hombres y descubrir que sólo es compatible con uno.

Me quedo boquiabierta.

Por cierto, cuatro por ciento es un número mucho más alto de posibles novios que los que quiero o necesito. De hecho, no me puedo imaginar ser feliz en un mundo donde las posibilidades de que un hombre sea mi compañero para siempre sean *más* que uno en un *billón*.

Piénselo. ¿Qué significa creer que hay más de un hombre en el mundo con quien se podría casar?

De acuerdo, usted se *podría* casar con cualquier hombre soltero. Probablemente hay varios hombres que usted conoce que lo considerarían en serio si usted les hiciera la pregunta ahora mismo, y eso sin contar al adolescente que le hace un cumplido con la mirada mientras le vende su café vespertino.

Creer que hay más de un hombre con el que usted se pueda casar ante los ojos de Dios, no obstante, es un concepto totalmente distinto. La idea supone que Dios es simplemente una presencia indiferente que mira con benevolencia mientras usted se las arregla en la vida.

Todo lo contrario. Creo que Dios es un casamentero —y creo que Su expediente de posibles candidatos para ser su futuro esposo es extremadamente delgado. De hecho, creo que sólo contiene un nombre.

La idea de que una novia y un novio estén predestinados el uno para el otro no es, como algunos dirían, una creación de la literatura romántica medieval, ni tampoco es una fantasía de la época victoriana. Se remonta por lo menos mil ochocientos años, al momento en que el sabio rabí judío Fineas escribió: «Encontramos en el Torá, en los Profetas, y los Escritos Sagrados, evidencia de que la esposa de un hombre es escogida para él por el Santo, bendito sea Él».[10] Como prueba, señala Escrituras como Proverbios 19.14: «La casa y el dinero se heredan de los padres, pero la esposa inteligente es un don del Señor».

Yo me lo imagino de esta manera: Dios está preparando una cena hermosa, romántica, a la luz de las velas para mi y mi futuro esposo. Le está llevando mucho tiempo hacer esto porque todo tiene que estar arreglado justo como Él lo quiere. Puedo ver la mesa, perfectamente preparada con la vajilla más fina y largas velas ardientes, pero aún no puedo ver al hombre que estará conmigo.

Que yo entonces actúe basada en la desesperación, yendo detrás de hombres disponibles, es como agarrar las esquinas del mantel de la mesa, quitar el arreglo precioso de vajilla fina para dos personas, y poner en cambio un montón de recipientes de plástico.

En la película *Big Fish* [El Gran Pez], un niño tiene una visión de su propia muerte. Ese conocimiento le da confianza sobrenatural para toda la vida. En sus momentos de mayor temor, él se reafirmaba recordando: «Así no es cómo muero».

Se les dice a las mujeres solteras que vean a los hombres solteros con una mente abierta, como si cada uno pudiera ser el indicado. Yo propongo que esto es contraproducente. Cuando la diferencia entre el hombre correcto y el casi correcto se parece a la diferencia entre un relámpago y una luciérnaga, y cuando una se enfrenta a la tarea enorme de eliminar 999.999.999 casi correctos, la respuesta no es seguir jugando el partido.

Hasta que usted se saque la lotería, la respuesta es seguir diciendo: «Así no es cómo muero».

¿Qué le pasa por la mente cuando entra a un salón en un evento social en el que tiene la oportunidad de conocer una cantidad de hombres?

Si usted es como yo solía ser, pasa su mirada de un hombre a otro, pensando: *Ese es guapo... Ese está con alguien... Ese es demasiado viejo... Ese tiene una barba rala, ¡qué asco!... Ese tiene un anillo de matrimonio... Ese parece estar muy interesado en el hombre con quien está hablando...* etc.

Sin siquiera pensarlo, evaluaría las posibilidades, reduciendo la lista de candidatos hasta quedar con los que parecían ser más atractivos y más accesibles. Luego, dependiendo de qué tan valiente me sintiera, iniciaría una conversación con una de las posibilidades, o trataría que me presente una amiga, o estaría cerca de él esperando que me hable.

Y así la pasaba, hasta que todos demostraban ser imposibles, o hasta que uno de ellos creyera que yo también era una posibilidad. Eso es tener citas amorosas al estilo carnicero y así es como se nos ha entrenado a creer que se inician los romances.

Ahora, trate de imaginarse lo que sucedería si usted entrara a ese mismo salón convencida de que sería muy probable de que no iría a encontrar un interés amoroso, ni qué se diga, el amor de su vida. Suponga que su único plan era disfrutar una conversación amigable con hombres y mujeres por igual. ¿Qué diferencia habría en su manera de actuar?

Aún se sentiría atraída a hombres que consideraría atractivos, eso es simplemente natural. Pero estaría libre de la presión de tener que buscar una manera de hablar con ellos. También estaría libre del temor a la desilusión si la noche no producía prospectos amorosos.

Para mí, poner en acción este método empezó como un juego de salón: Yo entraba al salón y trataba de ver cuánto tiempo pasaba hasta colocarme estratégicamente cerca de un hombre que quería conocer.

Cuando me sentía atraída a un hombre que estaba al otro lado del salón, en vez de moverme hasta estar lo suficientemente cerca de él, conversaba con los demás hombres y mujeres a mi alrededor. De pronto, me encontraba disfrutando la conversación.

Lo que generalmente sucede cuando me estoy divirtiendo sin perseguir a nadie es que el hombre que quiero conocer se *me* acerca, o por lo menos se une a mi conversación.

¿Pero qué pasa si usted está fuertemente atraída a un hombre en el salón y él *no* se le acerca?

En su mente, pueda que recite de golpe las posibles razones: Puede que sea tímido, y prefiera que la mujer sea la que haga la primera movida. Quizás incluso piense que usted está a un nivel más alto que él. O quizás sencillamente no esté interesado. Pero antes de decidir en arriesgarse y presentarse a este extraño bien parecido, deténgase y piense.

Usted ha estado a no más de ocho metros de él por media hora o más, y él ha pasado toda oportunidad de conocerla. Suponga que *es* tímido —¿quiere un hombre que carece de iniciativa? ¿Realmente qué tan difícil es para un hombre sonreír a una mujer y decirle hola?

Otra cosa que recordar si el hombre que captó su atención no hace una movida es que puede que él ya esté involucrado en una relación. Si así es, él sabe que ser pasivo le da la posibilidad de negar de modo convincente. Es parte de las Reglas Sobreentendidas de los Hombres. Si usted se acerca a él, él puede dejarla que lo seleccione. Luego, si su enamorada o esposa se entera, él puede decir que fue seducido. Es un juego demasiado común y una manera segura de salir lastimada.

Pero si usted debe acercarse a un extraño, recuerde esa mesa para dos. Pueda que él sea el hombre para el cual se preparó la mesa, pueda que no. No importa lo que suceda entre usted y él, la mesa aún sigue esperando sólo dos invitados a la hora asignada. Recuerde eso y podrá disfrutar la emoción de conocer a alguien nuevo, mientras resiste la tentación de jalar las esquinas del mantel.

Algunas mujeres sienten libertad al darse cuenta de que en última instancia no tienen control de dónde y cuándo conocerán a sus futuros esposos, otras sólo sienten temor. Esas son las que mantienen la industria de solteros al contestar a los anuncios personales, buscar a hombres en el Internet, y hacen fila para participar en eventos amorosos veloces. Yo fui una de ellas, hasta que me volví sensata.

Piénselo. Desde el comienzo de la revolución sexual en la década de 1960, la industria de solteros ha florecido. Los anuncios personales están prácticamente en todos los periódicos, desde el *New York Times* hasta los demás, los servicios casamenteros rutinariamente envían por correo anuncios publicitarios dirigidos a personas sin especificar su nombre, y hasta los centros comunitarios más pequeños auspician noches de citas amorosas veloces. Con esa gran cantidad de oportunidades de encontrar su alma gemela, las mujeres deben de estar casándose y permaneciendo casadas a una edad temprana y fértil. ¿Verdad?

Si usted cree eso, le puedo vender mi tarjeta de membresía ya caducada de Match.com. Las mujeres que se están casando a edad más avanzada hoy en día, están dando auge a las clínicas de fertilidad, y la tasa de divorcio se ha ido por las nubes. Eso es porque las herramientas para el consumidor que nuestra cultura dice que da poder a las mujeres solteras realmente las *mantiene* solteras, porque animan a que las mujeres y los hombres se vean como mercancías en lugar de seres humanos.

Cuando usted sale a una cita amorosa con un hombre que conoció a través de la industria de solteros, es decir, un anuncio personal, servicio casamentero, o evento para solteros, una vocecita en su cabeza le dice a su cita: «*Tú* puedes ser reemplazado». Su cita escucha esta voz aun cuando usted no lo verbalice, y usted sabe que él tiene una voz en su cabeza que le está diciendo lo mismo de usted.

Esto es peor en los eventos de citas amorosas veloces. ¡Hacer de los seres humanos mercancías! La naturaleza de las citas veloces la transforman de ser una hija singular de Dios a una pierna de cordero en una banda transportadora.

Cuando usted confía en la industria de solteros para tener sus citas amorosas, poniéndose en la posición de estar constantemente evaluando y siendo evaluada, es muy fácil hastiarse. Se elimina un nivel de confianza porque tanto usted como su pareja saben lo fácil que es pasar al siguiente «resultado».

Hay excepciones. Conozco a una mujer que conoció a su esposo por medio del sitio web de anuncios personales para judíos Jdate.com, y otra que conoció al suyo por medio de CatholicMatch.com. Pero cuando su meta es el matrimonio de por vida, tales medios extraordinarios deben ser usados sólo como último recurso. El charco de los anuncios personales tiene demasiadas ranas y muy pocos príncipes, además, con sus gastos de membresía, la puede dejar desplumada.

Si en verdad está considerando usar un servicio casamentero o de anuncios personales, hay tres factores importantes que deben estar presentes para su protección. El servicio debe hacer lo siguiente:

- Debe estar afiliado a su creencia religiosa. No quiero decir que deba tener la opción para que los postulantes cristianos puedan escoger conocer sólo a cristianos, etc. El servicio debe ser *exclusivamente* para personas de su creencia religiosa, y nadie más. Ese requisito aumenta las posibilidades de que los hombres que postulen tomen en serio su fe así como también su deseo de casarse.

- Debe filtrar candidatos personalmente. Esto descarta a los sitios web que permiten que cualquiera ponga su información sin aprobación externa. Debe haber una etapa en el proceso de solicitar en el que una persona real lee la información que envían los clientes y juzga si él o ella puede inscribirse en el servicio.

- Debe ser exclusivamente para heterosexuales que desean casarse. Esto excluye todos los servicios que dan a los clientes la opción de buscar citas casuales, «compañeros de actividad», «personas desinhibidas sexualmente», y cosas por el estilo.

Rompa estas reglas bajo su propia cuenta y riesgo. Los bares de solteros están llenos de hombres y mujeres amargadas de cuarenta y tantos años que perdieron su chispa optimista por haber tenido demasiadas citas amorosas con extraños que conocieron por medio de la industria de solteros.

Esta actitud, la de que conocer a su esposo requiere que usted se abstenga de intentarlo mucho, no es fatalista. Nadie le está pidiendo que se encierre en un castillo, como la Bella Durmiente. Lo que usted puede y debe hacer, todos los días, es ser usted misma, no en el sentido sentimentaloide, estilo Oprah Winfrey, sino en el sentido de ser quien usted es en Dios.

Usted fue creada con una personalidad única y con la capacidad de expresarla creativamente. Con eso no quiero decir por medio de esfuerzos creativos solamente, sino por medio de cada palabra que diga y todo lo que haga. Por sobre todo, usted es capaz de dejar que su luz alumbre ante los hombres y las mujeres. Es en realidad la luz de Dios, pero Él le permite que resplandezca a través del filtro de su propio carácter individual.

Usted quiere un esposo que se sienta atraído a la luz que hay en usted. Si su luz resplandece a través de todo lo que hace, desde la cosa más grande hasta la más pequeña, entonces será imposible que alguien no la vea. Esta es la razón por la cual la autopromoción que fomenta la industria de solteros es contraproducente. Cuando se enfoca en usted misma, nadie puede ver lo hermoso que su luz ilumina a los que están a su alrededor.

Me llevó años aprender esa lección.

Una noche perfecta de mayo de 1992, mientras se comenzaba a disipar la luz del día, estuve parada afuera del Sun Mountain Café en la calle West Third Street, era una historiadora de rock de veintitrés años tocando una guitarra más vieja que yo. Me estaba alistando para cantar y tocar en el programa abierto para todos del club, tal como lo hacía todos los martes, no porque creía tener futuro como artista sino porque era una manera divertida de conocer a muchachos.

Esto fue durante la época de mi vida en que estaba sumamente deprimida y sola. Había renunciado a la idea de encontrar a alguien que me amara en el futuro previsible, y en cambio me esforcé en perfeccionar lo que describía como el arte de tener sexo casual sin lastimarme. (Nunca logré llegar a estar tan entumecida y distante, gracias a Dios, pero aun el intentarlo me destrozó durante años.)

«¡Hola, Dawn!»

Alcé la mirada para ver a Richard, un músico guapo que conocía casualmente durante cinco años. No, no de *esa* forma, ni siquiera nos habíamos besado.

Cuando conocí a Richard por primera vez, lo perseguí, pero su conducta indicaba claramente que sólo quería ser mi amigo. Estaba bien; yo había recibido esa reacción de otros hombres, y generalmente me las ingeniaba para permanecer como amigos con ellos. Cuando él me vio esa noche afuera del Sun Mountain, mi atracción hacia Richard ya hacía mucho que se había disipado.

Le dije que casi era mi turno de salir al escenario, pero si quería verme actuar, podía juntarse con mi amiga Babs, quien ya estaba adentro.

Era natural que Babs ofreciera venir a verme actuar. Ella era (y es) esa clase de amiga: una verdadera animadora, siempre presente para apoyar a aquellos que eran cercanos a ella.

Babs era mayor que yo cinco años; parecía de muchas formas como si fuera una hermana mayor, con su manera de ser amable y reafirmar. Era bonita, no de la manera artificial de una modelo, sino de modo natural y dulce. Su modestia, al igual que su fuerte acento de la ciudad de Queens, no dejaba traslucir el hecho de que era bien inteligente, con un divertido y pícaro sentido del humor.

A pesar de todo lo que tenía a su favor, y aunque quería casarse, no había un hombre especial en la vida de Babs. Por cierto, en los cuatro años de amigas ella casi no había visto a nadie más allá de una cita inicial de cena, a pesar de mis esfuerzos y los de otras amigas por presentarle a otros hombres. No era porque fuese muy quisquillosa, sino que ella sólo quería amor y no estaba dispuesta a aceptar nada menos.

En aquel entonces yo opinaba que Babs no estaba esforzándose lo suficiente. Veintiocho años parecía ser una edad terriblemente avanzada para no estar casada. En lugar de salir y tratar de levantarse a un hombre, ella estaba ocupada haciendo cosas como ser una buena amiga y animar a todas las que la rodeaban, visitar a su madre viuda, ir a la iglesia, y participar en algún tipo de obra voluntaria que realmente no me interesaba. Ninguna de estas actividades me parecían ser lugares donde una podía conocer a hombres y, en todo caso, Babs no daba la impresión de ser alguien que realmente estaba buscando. Ella sencillamente parecía ser una chica muy, pero muy buena gente. Y todas sabemos que las chicas buena gente no consiguen citas amorosas.

Llevé a Richard a la mesa de Babs y lo presenté a los demás. Después de mis dos canciones, sugerí que todos fuéramos al café de la esquina.

Era evidente en el café que Richard estaba realmente interesado en Babs. Cuando él se fue al baño, ella me confió el hecho de que también le gustaba él. Él era, en sus propias palabras, un «Betty» (una palabra que acuñó para referirse a un chico guapísimo aun antes que sea usada en la película *Clueless* [Despistada]).

Babs me preguntó si estaba interesada en Richard. Porque si así fuese, ella me dijo que no lo iba a motivar.

¡Qué amiga! Yo sabía que lo decía en serio. Yo le aseguré que no tenía interés en Richard más allá de su amistad.

Para ser sincera, sí me sentí un poquito celosa. No porque me pareció que Richard fuese mi alma gemela, yo sabía que no lo era, sino porque siempre es difícil, tomando en cuenta el ego, ver que alguien que la ha rechazado a una se interese por una amiga suya. Fue una sensación que había sentido antes, y que sentí muchas veces después. Pero nunca dudé que lo correcto era darle a Babs la «luz verde», y tuve el orgullo de ser la dama de honor en las bodas de ella y Richard.

En el momento en que conoció a su futuro esposo, aunque estaba feliz por Babs, la aparente injusticia no tenía sentido para mí. No era como que Babs tuviese un poco más de confianza que yo. En todo caso, eso era algo que a ella le faltaba. Aunque ella no iba por ahí sintiendo lástima por sí misma, ella en verdad no se hacía propaganda.

En cambio, ella siempre parecía hacer brillar más a las personas que estaban a su alrededor.

¿Cómo, pensé, podía ella atraer a su verdadero amor sin intentarlo, mientras que yo, que estaba haciendo todo lo que las gurús de revistas para mujeres decían que había que hacer si quería encontrar un esposo, atraía sólo a don Juanes?

La verdad es que ella *estaba* intentándolo. Estaba completamente disponible a encontrar al hombre correcto, y estaba tratando cada día de ser el mejor ser humano que podía.

No creo que nadie pueda intentarlo con más esfuerzo que eso, ni con mejores resultados.

doce
enciéndeme: cómo los inicios moldean los finales

¿Alguna vez ha tenido uno de esos momentos en que dice algo que tiene mucho sentido para usted, pero la persona a la que se está dirigiendo no tiene la menor idea de lo que está tratando de decir?

Me sucedió a finales del 2003, en una de mis primeras citas después que comencé a tomar en serio la castidad. Me estaba despidiendo de mi cita, quien también era creyente, después de haber tenido lo que me pareció ser un almuerzo agradable. Era la segunda vez que salíamos juntos, y esperaba que nos volviéramos a ver. Sin embargo, me confundí cuando me dio señales que me parecieron ser conflictivas. Parecía que quería tener abiertas todas sus opciones, sin planear verme otra vez, pero sin descartarlo tampoco.

Yo le comenté que, a esas alturas de mi vida, yo creía que debía iniciar cada relación como si fuera a resultar en matrimonio.

Y lo perdí completamente.

Creo que debió haber sonado como si yo tuviera la *intención* de que cada relación terminara en matrimonio, lo cual, menos mal, no era el caso. De otra manera, me lastimaría mucho más a menudo que ahora.

Traté de explicarle que eso implicaba no hacer nada al comienzo de una relación que más tarde lamentaría. Incluso si una táctica lo ayuda a uno a ganarse a su pareja, si implica deshonestidad, falta de respeto, juegos, o falta de contención sexual, no es algo que uno recuerde con cariño después de años de matrimonio.

En el área de la ciudad de Nueva York en la que vivo, ya sea que los hombres y las mujeres se conozcan en bares, en el trabajo, por medio de amigos, o a través de los anuncios personales, el modelo de las relaciones sigue siendo el mismo: tienen intimidad física para ver si quieren estar en una relación.

Ese solía ser mi modelo también: la filosofía de «vamos a divertirnos y veamos si se convierte en algo». El concepto subyacente es la vieja presunción freudiana de que la gente tiene «necesidades» sexuales, y que éstas pueden existir por sí mismas o como preludio de una relación, pero que no es natural dar mayor prioridad a otros tipos de intimidad.

Aunque yo tengo estas «necesidades», o, mejor dicho, deseos, nunca *realmente* quise ponerlas antes que la intimidad emocional. No creo que sea natural que las mujeres funcionen de esa manera a menos que tengan serios problemas con la intimidad emocional, y aun así, no creo que las haga felices.

Ahora que ya no soy un pez sin esperanza en el mar de solteros de la ciudad de Nueva York, sino que soy un *ichtus* cristiano nadando en contra de la corriente, la continencia propia es una prioridad, como lo son también las otras cosas que mencioné antes: honestidad, respeto, y no participar en juegos. Estas tres últimas en particular parecen ser obvias, pero van en contra de la naturaleza de las citas amorosas en un mundo social urbano sofisticado que promueve que los hombres y las mujeres oculten sus verdaderos sentimientos.

El ejemplo que le debí haber dado a mi cita es el de dibujar un círculo. Si alguien le pide que dibuje un círculo, y usted está de acuerdo, no se pone cautelosa y pretende al principio que va a dibujar un cuadrado. Eso lo arruinaría todo. Si usted es una mujer que cumple su palabra, tiene que comenzar el círculo con la misma curva fija con la que termina, porque una vez que comienza, no hay forma de regresar y corregir el principio.

Asimismo, es prácticamente imposible dibujar un círculo perfecto sin un compás, y es imposible comenzar una relación que lleva al matrimonio sin un compás moral. De hecho, sin un compás, es aun más difícil dibujar un corazón perfecto.

En 1973, durante el auge de la revolución sexual, el éxito de librería de la semi autobiografía de Erica Jong, *Miedo a volar* popularizó la noción del sexo «sin cierre». La llamó «ideal platónico», la heroína de la novela sueña con tener sexo con extraños de una manera tan natural y fluida que ni siquiera se da cuenta del sonido intruso del cierre. El chico y la chica pasarían de conocerse a acostarse siguiendo una pendiente invisible y resbalosa.

Yo he rechazado el concepto del sexo «sin cierre», o, en el lenguaje del programa inspirado por Jong, *Sex and the City*, tener sexo como un hombre, pero eso por cierto no significa que estoy libre de ideales platónicos cuestionables.

Al igual que la heroína de Jong, mi fantasía perenne tiene que ver con conocer a un extraño. Sueño con iniciar una relación con tanta soltura y de modo tan natural que no hago nada que lamentaría. En esta fantasía, mis palabras y acciones hacia mi nuevo hombre son libres de su acostumbrada torpeza. Actúo con sabiduría y gracia perfecta, sin siquiera detenerme una vez para cuestionarme. No hay deslices vergonzosos; incluso se le podría llamar «sin deslices».

En la realidad, las reuniones sin deslices son tan inalcanzables como los encuentros sin cierre. Ambas fantasías surgen de la imagen por excelencia del cuento de hadas en la que la mujer se deja arrastrar incontrolablemente por su galán. Un solo momento de estar consciente rompería el encanto.

Dejarse arrastrar significa actuar por impulso, algo que, por definición, excluye a la voluntad.

En esta época, cuando nos imaginamos la clase de decisión que quizás tendríamos que tomar en una nueva relación, generalmente pensamos en términos de que si es o no el momento correcto para tener sexo. El romance, en contraste, se ve como algo que debe ocurrir por sí solo, sin que medie una decisión consciente. Cualquier intento de introducir algo que tenga que ver con una decisión se considera como algo definitivamente *poco* romántico.

Sea que su ideal romántico fuera sin cierre o sin desliz, el problema más evidente de confiar en el impulso es que no funciona. No le funcionó a Erica Jong; ella está en su cuarto matrimonio en el momento que escribo estas palabras, los primeros tres terminaron en divorcio. Por cierto no me funcionó a mí, y yo traté sin cierre y sin deslices.

De hecho, tan pronto como aceptamos la idea de «enamorarnos», estamos en desventaja. Como lo indicó el notable psicólogo Eric Fromm en *El arte de amar*, la expresión «enamorarse» es engañosa. Implica que algo se hace de manera accidental, sin siquiera intentarlo. En cambio, escribe Fromm, la experiencia debe llamarse «permanecer en amor», puesto que se requiere un acto de voluntad.

En cierta forma, nuestra cultura, aun con su énfasis en «enamorarse», está consciente de que el amor implica decisión. Nosotras hablamos de «abrir» nuestros corazones a nuevos amores, o decimos que una amiga le ha «cerrado su corazón» a un ex enamorado. Tenemos un sentido, aunque sea vago, de que el amor implica la apertura de una puerta.

Hay de veras una puerta en el corazón. Detrás de ella se encuentra un amor que fluye como río. Su fuente es Dios, porque Dios es amor.

Si realmente amamos, elegimos abrir la puerta, tomando una decisión consciente de dejar entrar al amor que anhelamos sentir dentro de nuestros corazones por un hombre. La decisión tiene que ser consciente, porque no importa lo irresistible que sea la atracción, es necesario elegir si vamos a asumir o no la responsabilidad de entregarnos completamente a otro. Sabemos que el amor que está detrás de la puerta implica responsabilidad, porque sabemos que es para toda la vida.

Ahora, aquí está lo emocionante. Este gran amor al cual tenemos acceso debe compartirse de manera sexual con sólo un hombre, y hay una razón para ello.

Dios creó el matrimonio como medio para hacernos más a Su semejanza. La mejor manera en que podemos ser como Dios es amarnos como Él nos ama. En las palabras de Agustín: «Dios ama a cada uno de nosotros como si sólo hubiera uno de nosotros».

En otras palabras, Dios quiere que usted pueda amar a un hombre de la manera que Él la ama a usted: como si fuera la única persona en el mundo. De ahí en adelante, Él quiere amoldarla cada vez más. De una manera profundamente espiritual, usted fue creada para difundir por el mundo el amor que comparte con su esposo.

Por eso los cristianos creen que el matrimonio es más que tan sólo marcar un casillero en el formulario del censo. Es una *vocación* espiritual. Las que lo anhelamos hemos sido llamadas a ello, de la misma manera en que algunas personas han sido llamadas a ser pastores.

El apóstol Juan se refiere a nuestra relación con Dios así: «Nosotros le amamos a él, porque él nos amó primero» (1 Juan 4.19). Asimismo, podemos elegir el matrimonio porque Dios nos eligió para el matrimonio.

Reconocemos públicamente nuestro «sí» al amor conyugal en nuestro «Sí» matrimonial. La promesa de amar, honrar, valorar, y obedecer, en la escasez o en la abundancia, en enfermedad o en salud, dejando a todos lo demás, hasta que la muerte nos separe, estas son las palabras que usa la tradición para recordarnos las responsabilidades que conllevan nuestro consentimiento. Sin embargo, sabemos que los votos matrimoniales no son realmente el comienzo de nuestro «sí».

C. S. Lewis escribió que los que entran al cielo se darán cuenta que una vez que han llegado, en cierta manera sentirán como si siempre hubieran estado allí, que su experiencia comenzó en la tierra.[11] Asimismo, cuando usted entra en el matrimonio, sabrá que su «sí» de amar comenzó mucho antes de su «Sí» matrimonial.

De la misma manera en que el llegar al cielo causará que los que estén allí entiendan cómo las semillas del cielo fueron plantadas mucho tiempo atrás en sus vidas terrenales, así también, el estar casada le brindará un entendimiento más profundo de la naturaleza del amor devoto. En las palabras del apóstol Pablo: «Arraigados y cimentados en amor, seáis plenamente capaces de comprender con todos los santos cuál sea la anchura, la longitud, la profundidad y la altura, y de conocer el amor de Cristo, que excede a todo conocimiento, para que seáis llenos de toda la plenitud de Dios» (Efesios 3.17-19).

La naturaleza del amor conyugal, haciendo posible que el esposo y la esposa se unan espiritual y físicamente, no sólo es un símbolo del amor de Dios sino que *es* el amor de Dios. De manera simbólica, el amor conyugal es la imagen que aparece en la Biblia muchas veces, desde el Antiguo Testamento hasta el Nuevo, para mostrar el amor intenso entre el Señor y los que han sido llamados por Su nombre. Esto se expresa hermosamente en Cantar de Cantares, cuando la novia dice: «Yo soy de mi amado, y mi amado es mío» (6.3).

Sin embargo, aunque el amor conyugal está diseñado para modelar el amor de Dios de una manera especial, esto no quiere decir que sea la única meta a la que debemos aspirar. Este anhelo con el que fuimos creados, el deseo de ser complementadas por otro, tiene un propósito en sí. Ese propósito tiene significado profundo, lo suficiente para transformar a cada una de nosotras y, si lo siguiéramos hasta el final, a todos los que tocamos.

Aunque parezca extraño, el propósito que envuelve nuestros corazones en llamas y nos hace anhelar el matrimonio no se satisface —de hecho, *no puede* satisfacerse— teniendo al matrimonio como su meta principal. De hecho, la búsqueda decidida del matrimonio en realidad nos alejará de ser completas y felices.

Eso puede sonar como una afirmación rara al venir de alguien que cree fervientemente en el matrimonio como institución, y cuyo deseo del corazón es estar casada. Lo comparto porque, aunque pueda parecer una paradoja problemática, estoy descubriendo en mi propia vida que es una verdad liberadora.

Cuando era niña, uno de mis libros favoritos era *A través del espejo* de Lewis Carroll. En cierta parte de ese libro, Alicia ve a la Reina Roja y trata de acercársele, sólo para después descubrir que está yendo en la dirección opuesta. Así que decide cambiar de táctica, *alejándose* de la pieza de ajedrez en lugar de acercarse. Por cierto, en un lapso de un minuto, se encuentra cara a cara con la Reina Roja.

Así como Alicia, yo tengo una meta en mente. La mía es el matrimonio. Para alcanzarla, necesito tener un andar, una dirección en mi vida. Pero, cuanto más camino en la dirección de hallar amor, más lejos estaré de mi meta. Eso es porque caminar hacia un simple objeto no es realmente un caminar, es una caza.

Una caza, como todas sabemos, generalmente termina con algo que muere. Si mi objetivo es el amor, la naturaleza de la caza significa que una vez que lo encuentro, va a morir. Sólo que no va a morir de una herida causada por una bala; morirá de hambre. No importa lo mucho que me diga que quiero darle todo mi amor a un hombre, la mentalidad del cazador que acepté está centrada en tomar, no en dar.

Para poder amar, hay que dar, y para ser una verdadera dadora, hay que dar a todos, a los que están cerca y los que están lejos de usted. «Porque si amáis a los que os aman, ¿qué recompensa tendréis?» (Mateo 5.46). Hay una recompensa real en esta vida por dar indiscriminadamente: Eso la amolda para que sea la persona que Dios quiere que sea.

Como escribió Charlie Kaufman en su guión para la obra *Adaptation* [Adaptación]: «Tú eres lo que amas, no lo que te ama».

Este amor es la brújula moral que le permitirá comenzar una relación y completar el círculo perfecto. La palabra griega que significa esto es *Ágape*. Es la clase de amor que quiso decir el apóstol Juan cuando escribió: «Dios es amor» (1 Juan 4.8). En las palabras del escritor moderno Peter Kreeft: «Significa amar a la gente no sólo en términos de justicia o de lo que se merece, sino simplemente amarlos absolutamente».[12] Olvídese de enamorarse o de siquiera permanecer en amor, como dice Kreeft, nosotros nos *elevamos* en ágape.

Si usted toma ese anhelo que siente en su corazón y lo dirige hacia compartir el amor ágape con aquellos que la rodean, entonces nunca más tendrá que preocuparse del millón de cosas malas que podrían suceder en una relación floreciente. Ninguna de esas cosas importará, porque tendrá una chispa en su corazón que resplandecerá por encima de todos los factores externos. El hombre que Dios ha escogido para usted será atraído a esa chispa, y usted verá la misma chispa en él.

Yo solía creer que el reflexionar sobre mi pasado era como un enemigo para mi. De acuerdo, si le prestara atención, con su fastidiosa perspectiva perfecta, podría evitar que cometa los mismos errores nuevamente. No obstante, la mayoría de las veces, sólo me fue una molestia: me decía todo lo que había hecho mal.

Cuando reflexionaba sobre las relaciones personales era cuando la retrospectiva realmente me volvía loca. Hasta el día de hoy, puedo recordar cada primera cita que tuve con un futuro enamorado y ver cosas que hubiera hecho de manera diferente: las señales de advertencia que no vi, o los pasos equivocados que di que tuvieron graves consecuencias.

Me da esperanzas darme cuenta que algún día, cuando esté casada con el hombre que amo, la retrospectiva será mi amiga. Podré recordar mi primera cita con él y reconocer las semillas que después se convirtieron en amor.

La mejor parte de esta retrospectiva nueva y renovada es que no voy a estar recordando una primera cita idealizada en la que todo estaba perfectamente bien y «sin deslices». Estaré recordando mi verdadero y (muy) falible ser y mi también falible futuro esposo.

La diferencia es que estaré viendo con los ojos del amor, y el amor cubre una multitud de pecados.

trece
la vida más allá de conocer
a posibles parejas

Estaba en la sala de un condominio en el noveno piso de un elegante edificio de Manhattan ayer por la tarde, era el lado más extremo del este en el alto Manhattan sin caer al East River. Era una fiesta por el futuro nacimiento del bebé de mi más reciente amiga, y había muchas mujeres que no conocía. Aunque mi embarazada amiga era acogedora como de costumbre, yo me sentía un poquito fuera de lugar al estar rodeada de tantas personas de treinta y tantos años, de movilidad social ascendente, con cabello largo y lacio y trajes elegantes de Ann Taylor.

Así que inicié una conversación con la mujer de más edad allí, la mamá de mi amiga, y mencioné que estaba escribiendo un libro para solteras decididas a casarse que estaban hartas del estilo de vida *Sex and the City*. Eso estimuló los oídos del grupo vestido al estilo Ann Taylor. Una de ellas se dirigió hacia mí.

«Pero, *¿cómo* llegas a conocer a los hombres?» preguntó ella lastimeramente.

Sus ojos eran sinceros. Algo en ellos me recordaban a la historia en el Evangelio de Mateo acerca del joven rico que se acercó a Jesús, preguntándole qué cosa buena podía hacer para tener vida eterna.

Cuando el hombre le aseguró a Jesús que había cumplido con todos sus mandamientos, Jesús dijo: «Si quieres ser perfecto, anda, vende lo que tienes, y dalo a los pobres, y tendrás tesoro en el cielo; y ven y sígueme» (Mateo 19.21).

No era la respuesta que esperaba el joven rico; «Se fue triste, porque tenía muchas posesiones» (v. 22).

Asimismo, yo sabía que la mujer de la fiesta no quería escuchar lo que tenía que decir. Ella había invertido mucho en la idea de salir a ciertos lugares y hacer ciertas cosas con la sola intención de conocer a hombres. Si yo iba a ser sincera, tendría que decirle que tomara el tesoro de conocimientos que tenía sobre caza de hombres y lo tirara por la ventana. No le iba a servir para conseguir un matrimonio hecho en el cielo.

La castidad es una disciplina de toda la vida, basada en el entendimiento de la naturaleza de la intimidad sexual, —lo que es el sexo y para qué sirve. Ya sea que usted practique la castidad como mujer soltera (cuando implica abstenerse del sexo) o como mujer casada (cuando implica amor y responsabilidad), produce el mismo fruto espiritual.

Si usted aprende sólo un mensaje al terminar de leer este libro, que sea este:

Por medio de la castidad —y sólo por medio de la castidad— pueden florecer completamente en usted todas las gracias que son parte de ser una mujer.

Yo tengo un árbol tambaleante de caucho al lado de la ventana. Cada vez que lo volteo, se reorienta con velocidad sorprendente, al parecer en el transcurso de un día, para que la luz del sol le dé a sus hojas.

Ahora, imagínese una planta más bonita que mi poco flexible árbol de caucho, una flor silvestre, creciendo en el campo durante el verano. Esta es una fábula, de manera que nuestra flor silvestre tiene su propia mente.

Esta flor, a la cual le da el sol por todos lados, decide no estar satisfecha con los rayos que están iluminando sus pétalos. Pone su deseo en la luz del sol que le da al lado opuesto de una colina de su alrededor.

Todos los días la flor se esfuerza para llegar a la colina, tratando de alcanzar en vano los inalcanzables rayos. Al apuntar hacia la luz distante, ignorando la luz del sol que la rodea, se contorsiona, doblándose más y más, hasta que prácticamente está paralela al suelo.

Imagínese eso por un momento.

Ese es un retrato de una mujer que pone como centro de sus pensamientos, acciones, y sueños, la meta de conocer un marido.

Ella está eternamente inclinándose, mirando en otra dirección, rebajándose para dirigirse hacia alguien que *no está ahí*.

Piense en la mujer que, cuando está hablando con un hombre en una fiesta, siempre está volteando su cabeza para ver si ha entrado un hombre más atractivo. Yo me he visto haciendo eso.

Usted podría decir: «Pero *hay* alguien para mí que anda por ahí. No es como si estuviera buscando un fantasma».

Estoy de acuerdo, Dios pone el anhelo de tener un esposo en el corazón de una por una razón, y ha sido diseñado para que se cumpla. Pero orientar toda su perspectiva hacia el cumplimiento ese anhelo cuando el objeto de ese anhelo no está a la vista es como disparar a ciegas en el aire, esperando darle a un pato. Todo lo que sucede es desperdiciar las municiones, fastidiar a todos los que están cerca, y destruir a unos cuantos gorriones.

Además, tal como lo admiten a regañadientes incluso los manuales de citas amorosas post feministas, los hombres son los que les gusta salir de cacería. A un hombre quizás le emocione inicialmente una mujer que lo persigue, y uno que es tímido puede necesitar ánimo, pero en poco tiempo perderá el interés. Él quiere sentirse como que la mujer a la que persigue es un premio valioso. Aunque no quiere que ella se haga la difícil, ganarla le debe dar una sensación de logro. Desde esa perspectiva, encontrar una mujer que ha formado su vida con el objetivo de encontrar un hombre no es un gran logro.

La verdad es que no necesitamos una luz distante para que nos dé esperanza para continuar. Como la flor silvestre en el campo veraniego, sea que nos demos cuenta o no, tenemos luz a todo nuestro alrededor.

La castidad significa esforzarse para estar conscientes de esa luz, absorbiéndola hasta lo más profundo de nuestro ser para que mostremos nuestra verdadera belleza, como una flor en plena floración. Existe amor que le está esperando: de su familia, de sus amigos, de los extraños cuyos días puede alegrar con sus dones de afecto y bondad. No está lejos. Está aquí, ahora mismo.

El mundo del fanatismo de las tiras cómicas y la devoción a *Viaje a las Estrellas* ha introducido una nueva palabra burlona en el lenguaje: «chico fanático», y su homólogo menos usado: «chica fanática».

Mientras escribo, la enciclopedia en línea, Wikipedia, a la cual cualquier persona puede contribuir, dice: «Chico fanático»... es un término usado para describir a un hombre que está totalmente dedicado a un solo asunto o pasatiempo, a menudo hasta el punto en que se considera una obsesión. El término se originó... para describir a alguien que era socialmente inseguro y usaba tiras cómicas como escudo para evitar la interacción, de ahí las connotaciones despreciativas».

Una mujer soltera que recibe consejería sobre citas amorosas de *Glamour* y *Cosmopolitan*, va a eventos de citas veloces, tiene guardado un condón en su cartera «por si acaso», y va de bar en bar con un grupo de amigas llenas de maquillaje, a mi parecer es una «chica fanática». Al igual que los «chicos fanáticos», es socialmente insegura y usa un escudo para protegerse de la interacción. En el caso de la «chica fanática», el escudo es emocional, un exterior superficial para protegerse de ser vulnerable.

¿Se acuerda del episodio clásico del programa cómico *Saturday Night Live* en el que William Shatner les ruega a los chicos fanáticos en una convención de *Viaje a las Estrellas* que «se consigan una vida»? «¡Hay todo un mundo que los espera!» gritó. Eso es lo que quiero decirles a las mujeres cuyas mentes se han atascado en conocer a solteros. Creo que los hombres, los buenos, quieren decirles eso también.

Usted puede decir que una obsesión de encontrar un esposo es más útil, más de la vida real, que una obsesión de tiras cómicas o Viaje a las Estrellas. El deseo de tener amor y compañía está escrito en nuestros corazones y almas. Soy la primera en estar de acuerdo. Pero hay una diferencia entre tener un deseo y ajustar todos sus anhelos alrededor de ello.

Todos queremos ganarnos la vida, pero hay algunas personas que tienen el propósito absoluto de progresar en su área. Cuando van a fiestas o están con amigos, quieren hablar de negocios, ya sea de la bolsa de valores, los medios de comunicación, o cualquier cosa que pague su sueldo.

Conozco a mucha gente en el mundo del periodismo y del entretenimiento que siempre están «chismoseando». Viven para los chismes de la industria: quién es el más popular, quién ya no lo es. Cuando me llaman o envían un email, sé que van a pedirme algo: un número telefónico, un consejo, cualquier clase de «contacto».

Esos entrometidos son, en una palabra, *fastidiosos*. A veces obtienen lo que quieren, porque son persistentes, pero se hacen de muchos enemigos en el trayecto. Al final, terminan envidiando el éxito de otros, no pueden avanzar hasta donde quisieran porque son vistos como sujetos que son pura pose.

Cuando un hombre de integridad, la clase de hombre que usted y yo quisiéramos conocer, se encuentra con una chica fanática que está en ese momento totalmente concentrada en conseguir marido, él reacciona de la misma manera que yo cuando Juan Pose dulcemente me pide el número telefónico de algún editor.

A los hombres no les gusta sentirse usados. No les gusta sentir que una mujer está interesada en ellos sólo porque escucha a su reloj biológico hacer tictac, o porque está desesperadamente sola, o porque no vive más allá de ver televisión y emborracharse los fines de semana.

La gente que se parece se atrae mutuamente. Si quiere a un hombre con valores sólidos, uno de pensamientos profundos, sabio, y digno de confianza, usted misma tendrá que demostrar valores sólidos. Tienen que ser evidentes en cada palabra, acción, e intención.

Desde los últimos años de mi adolescencia hasta mis veintitantos años, el rock and roll era mi vida. Escribí acerca de esa música para publicaciones como *Mojo* y Salon.com, y pasé varios cientos de noches absorbiéndolo en clubes nocturnos con música en vivo, llenos de sudor y humo.

Aunque verdaderamente me encanta la música, una razón principal de mi inmersión en el escenario era de que creía que los músicos eran las criaturas más sexy sobre la tierra. Me gustaría poder decir que era porque me sentía atraída a la creatividad y destreza; por cierto, a menudo iba hacia compositores talentosos. Pero también perseguía a los bateristas, así que esa teoría no es muy buena.

La cultura popular típicamente imagina que las estrellas de rock escogen una o más fanáticas de un buffet de posibilidades cada noche. No tengo duda de que haya estrellas así. Ese tipo de conducta compulsiva sexual era especialmente prevaleciente en la década de los 60, cuando los hombres y las mujeres se despojaron de sus inhibiciones en medio del ataque de la revolución sexual.

Sin embargo, al pasar un buen tiempo fuera de las puertas de los vestuarios, descubrí algo que iba en contra de la sabiduría común. Los roqueros que hacían más giras eran los que menos pasaban las noches con gente extraña. En cambio, tenían a una chica en cada puerto, una mujer a quien acudían cuando estaban en alguna ciudad en particular. A veces esta mujer viajaba junto con su «enamorado» rockero durante varias paradas de la gira antes de separarse hasta la próxima vez que el conjunto regresara.

Estas mujeres no eran simplemente compañeras de sexo para sus músicos. Cuando una de ellas se reunía con su roquero especial, ambos tenían la apariencia de ser una pareja de verdad, amigos así como también amantes.

Entiendo ahora lo que no entendía entonces, esto es, la razón por la que un hombre que no tiene interés en la monogamia, que podría escoger las chicas que quiere, a propósito limitaba su selección.

Los hombres quieren hogar. No sólo *un* hogar, sino hogar: una sensación indescriptible de estar en un lugar donde son comprendidos, donde pertenecen, donde pueden descansar en el amor de una mujer. El deseo de hogar es tan fuerte que un hombre insistirá en tratar de tenerlo aun cuando el estilo de vida que ha escogido impide que lo consiga.

Entonces, podría preguntar, si los hombres quieren hogar, ¿por qué los roqueros que mencioné no lo buscan en una sola mujer, en vez de tener una chica en cada puerto?

La respuesta está en la naturaleza de las chicas fanáticas. Es una sensación que conozco muy bien, y no es exclusiva de las mujeres que siguen a las estrellas de rock. Usted la encontrará también en las historias de las revistas de mujeres sobre enamoradas ultra dedicadas que miman a sus enamorados, incluso les cocinan y les hacen la limpieza, sólo para que luego las boten.

Un hombre se siente amado sólo cuando se siente necesitado.

Las chicas fanáticas y otras mujeres que tienen la intención de mimar a hombres se posicionan como las dadoras en una relación, de manera que todo lo que el enamorado tiene que hacer es recibir. Sufren de una *carencia* de autoestima, así que no se hacen valer. Anhelan que su enamorado se entregue, pero viven con el temor de que si se lo piden, se irán con otra enamorada menos exigente.

Si él es un músico de rock, esos temores están bien fundados; hay una buena posibilidad de que, cuando se enfrente a la responsabilidad, él *se irá*. Pero cuando no se le exige nada, tampoco se quedará por mucho tiempo, ni tampoco reducirá el número de enamoradas a uno.

Usted puede que anhele completa, total, y desesperadamente a un hombre desde lo más profundo de sus entrañas. Pero si quiere que esté unido a usted, debe exigirle algo a cambio. Para que un hombre desarrolle un vínculo, no es suficiente adorarlo: él tiene que sentirse apreciado.

Con todos los avances que el movimiento feminista ha creado para las mujeres en el mundo laboral, ha causado un daño terrible en lo que considero en el área infinitamente más importante de las relaciones personales. A las mujeres se les ha dicho que autosuficiencia significa negarles a los hombres la oportunidad de que hagan cosas por ellas.

Un buen hombre sí admira la autosuficiencia en una mujer. Pero la admira aun más cuando esa mujer autosuficiente tiene la modestia de admitir que necesita consejo, un hombro en qué apoyarse, o simplemente alguien que lleve su mochila pesada.

Si usted resiste el ir de bar en bar, tener sexo casual, y otras tonterías superficiales que nuestra cultura nos dice que conducirán al matrimonio, usted al final tendrá días en que se preguntará si vale la pena. Después de todo, a veces esas cosas *sí* conducen al matrimonio. Todas conocemos a alguien que conoció a su esposo en un club nocturno, o una fiesta llena de cerveza.

Considero que la gente que todavía no ha aprendido la castidad es como bebés en gestación: sin forma, incompletos, sin una clara idea de las gracias que podrían florecer en ellos. Cuando se casan, de pronto son lanzados a un mundo poco familiar para el que no están listos. Son bebés prematuros.

¿Pueden tener éxito tales matrimonios? Por supuesto. Pero no sin dolores del crecimiento. Como los bebés prematuros, estos recién casados tienen que trabajar más duro que los individuos que están completamente formados para conquistar los peligros de su ambiente poco familiar. Y así como un nacimiento prematuro puede tener efectos dañinos en un bebé en los años subsiguientes, la gente que se casa sin entender la castidad es raquítica. Será difícil para ellos crecer juntos como deberían, porque todavía tienen que desarrollar dones espirituales que son mejor cultivados antes del matrimonio, como la paciencia, fidelidad y dominio propio. Asimismo, tendrán mayores desafíos que las parejas castas en profundizar sus lazos espirituales porque les faltó profundidad desde el comienzo.

Este período en el que soy una soltera casta es mi gestación. Me esfuerzo por unir mi voluntad a la de Dios, y confío en que Él me está formando. Sé que también está formando a mi futuro esposo.

Al final de cada día, aunque parezca que no estoy más cerca de conocer a mi esposo, sé que en verdad estoy más cerca, porque estoy más cerca de ser la mujer que Dios quiere que sea. Cuando «nazca» en el matrimonio, los dones espirituales que he desarrollado me ayudarán a crecer junto con mi esposo para que desarrollemos nuestro potencial juntos.

La historia de amor más grandiosa de la Biblia, Cantar de Cantares, ofrece una imagen de una mujer en la que todas las gracias que Dios concede a las mujeres florecen al máximo. El amor intensamente devoto de la gloriosa esposa por su marido está diseñado para personificar al amor de la iglesia de Jesús. Se le conoce como la Rosa de Sarón.

Hay una planta de verdad llamada la rosa de Sarón; es un hermoso hibisco. De manera apropiada, es de florecimiento tardío.

La esposa de Salomón también se llama el lirio de los valles. Jesús observó en Su Sermón del Monte que Dios cuida de los lirios: no tienen que trabajar. Asimismo, dijo que deberíamos poner nuestras necesidades en las manos de Dios:

«Así que no se preocupen diciendo: "¿Qué comeremos?" o "¿Qué beberemos?" o "¿Con qué nos vestiremos?" Porque los paganos andan tras todas estas cosas, y el Padre celestial sabe que ustedes las necesitan. Más bien, busquen primeramente el reino de Dios y su justicia, y todas estas cosas les serán añadidas» (Mateo 6.31-33 NVI).

No se trata de *cómo* conocemos a los hombres. Se trata de *quién* es usted cuando los conoce. Encárguese de «quién» y el «cómo» se resolverá por sí solo.

Habiendo dicho esto, puedo sugerir unos cuantos métodos y maneras...

catorce
¡bienvenida al club!

Bueno, lo primero que hay que hacer, obviamente, si quiere conocer a su futuro esposo, es salir de la casa.

Digo «obviamente», sabiendo muy bien por experiencia que si usted se siente sola, eso puede ser una de las cosas más difíciles que hacer. Salir sola porque no tiene con quien salir, sólo para estar rodeada de parejas aparentemente felices, puede requerir mucha resistencia cuando está muy consciente de que le falta un enamorado. Pero si ha leído hasta esta página, sabe que lo que la sociedad le dice que es «carencia» no es nada de qué avergonzarse. Es más, el atrevimiento y seguridad propia que demuestra al salir sola o con una amiga son cualidades que el hombre que usted desea encontrará atractivo.

Fíjese que escribí: «salir sola o con una amiga». Lo segundo que hay que hacer si quiere conocer a su futuro esposo es evitar salir en grupo. Está bien hacerlo si todo lo que quiere es salir una noche con las chicas. Pero si su propósito es ponerse en una situación en la que el hombre correcto la pueda encontrar, no puede ser percibida como parte de un grupo.

La razón de evitar los grupos es que provocan la conducta superficial —y los hombres que son atraídos a ellos también son superficiales. Una cita mía me explicó la mentalidad grupal un viernes por la noche mientras caminábamos por las calles de la ciudad donde vivo, la cual tiene una gran afluencia de jóvenes que se la pasan en los bares.

Mi cita hizo la observación de que cada uno de los grupos de mujeres que van de bar en bar parecen estar guiadas por una mujer muy atractiva. Esta mujer «alfa» estaba rodeada por amigas menos atractivas que parecían esperar que algo de lo bonito de su amiga se les pegue. De seguro, una vez que el grupo llegaba a un bar, alfa estaría rodeada, mientras que sus amigas quizás se ganarían la atención de sus fracasados pretendientes.

Esta percepción suena terriblemente cínica, pero no dudo que sea cierta para ese tipo de grupo, en esa clase de circunstancia. La clase de hombre que se acercaría a una mujer en grupo es generalmente, no siempre, pero generalmente, uno que es superficial, al ver una mujer de cierto nivel atractivo y se arriesga para ver si se la puede ganar. También va a ser un poquito terco en pensar que le puede ganar a la competencia.

La clase de hombre que usted y yo queremos encontrar se va a amilanar ante la posibilidad de acercarse a una mujer en grupo porque será modesto, sin querer sobreestimar su habilidad de competir públicamente por un premio. También será de ideas profundas, así que querrá llegar a conocer a su posible cita mejor de lo que pudiera en tan sólo unos cuantos minutos rodeado de otra gente en el bar. Y será sensible, sin querer lastimar los sentimientos de las demás mujeres al enfocar su atención en una de ellas.

De manera que, sabiendo que lo mejor que puede hacer es salir sola o con una amiga, una vez más le digo: ¡salga de la casa! ¿Está leyendo este libro en casa? ¡No lo haga! Llévelo a su café más cercano, compre una taza de capuchino o café corriente, y léalo allí. Cada vez que tenga que leer después del trabajo, o a la hora del desayuno, hágalo lejos de casa; si no es en una tienda donde venden café, entonces en un parque donde se sienta segura. Asimismo, use un lugar seguro en público, lejos de casa, para hacer cualquier trabajo que tenga fuera de horas, para estudiar, o navegar en el Internet.

Pueda que al principio se sienta rara sentarse en una mesa sola, pero luego se acostumbra. Si usted va al mismo lugar todos los días, los meseros la van a llegar a conocer y se sentirá como en casa. Las ventajas de salir de la casa de esta manera tienen cuatro aspectos:

- Tiene la oportunidad de encontrar un interés amoroso o hacer un nuevo amigo.

- Logra algo de actividad social, aun si sólo es decir «hola» al mesero que le trae el café;

- Se vuelve más confiada, sin temor a ser vista sola; y, por último pero no por eso menos importante,

- Se aleja de su televisor.

No puedo exagerar la importancia de este último punto. Es bastante malo el hecho de que ver la televisión puede convertirla en una adicta a la televisión. Lo que es peor, alimenta a su cerebro un flujo fijo de imágenes diseñadas a mantenerla en un estado de carencia. Según la televisión, usted nunca es lo suficientemente atractiva o rica. Nunca puede tener suficiente sexo. Y más importante aun, ante los ojos de la televisión, usted nunca puede tener suficientes *cosas*.

Los anunciantes de la televisión tienen ansias de alcanzar a las mujeres solteras entre veinte y treinta y tantos años, porque ven más televisión que las mujeres casadas y tienen un ingreso disponible más alto. En consecuencia, esas televidentes tienen más posibilidades de comprar por impulso y adquirir artículos de lujo. Usted no ve a muchas mujeres casadas gastando su bonificación de Navidad en el departamento de zapatos de Macy's.

En otras palabras, usted le es más valiosa a los anunciantes de televisión, y, por lo tanto, a las cadenas de televisión, como mujer soltera que como casada. Tienen un gran interés en mantenerla sentada en frente de la pantalla como Bridget Jones, comiendo papas fritas ralladas y tomando Diet Pepsi en sus pijamas.

La televisión la aborrece.

Afortunadamente, hay muchas formas de entretenimiento para escapar de la pantalla además de tomarse un cafecito. Aquí hay algunas de mis favoritas, todas las cuales posiblemente la pongan en contacto con hombres interesantes y que reúnen los requisitos:

- **Clubes de libros.** Grupos de lectura o clubes de libros le permiten conocer a gente en su área que comparte sus intereses literarios. Conocerá a personas a lo largo de un buen período cuando su grupo se reúna, generalmente una vez a la semana o una vez al mes, para hablar acerca del libro que están leyendo. Hay clubes de libros para prácticamente todo tipo de interés, como obras de misterio, clásicas, románticas y literatura religiosa, y con frecuencia atraen a participantes inteligentes y expresivos.

  Puede encontrar clubes de libros en el área donde vive llamando a su biblioteca o su librería local. Los centros de adoración a menudo también tienen clubes de libros, así como las tiendas donde venden café, los sindicatos estudiantiles y los centros comunitarios.

  Para conocer a gente de su edad, busque clubes de libros que se reúnen en las universidades o inmediaciones, o que estén dirigidos por alguien de su edad, o que leen libros que atraen a personas de su edad. (Por ejemplo, si tiene alrededor de veinte años, probablemente no quiera estar en un club de libros que está leyendo *Martes con mi viejo profesor*, un libro de gran éxito de ventas de Mitch Albom acerca de sus reuniones con un viejo y moribundo profesor universitario.) Además, busque clubes que no le hagan pagar por adelantado por asistir a varias reuniones. De esa forma, si usted va a una reunión y se da cuenta que no hay con quien relacionarse, no estará atrapada por una membresía indeseable. La mayoría de clubes que he encontrado no cobran en lo absoluto.

Mi propia experiencia con los clubes de libros duró un par de años (hasta que mi trabajo en el periódico me tuvo trabajando por las noches). Pertenecí a la Sociedad de Chesterton de la Ciudad de Nueva York, que leía las obras de mi autor religioso favorito, G. K. Chesterton. Nos reuníamos en el apartamento de un agradable ex monje que nos preparaba capuchino o servía cerveza en majestuosas jarras de bronce mientras discutíamos los mensajes principales de lo que habíamos seleccionado para leer. No conseguí ninguna cita amorosa del grupo, pero disfruté tanto las reuniones e hice tantos amigos fabulosos que seguí asistiendo por la camaradería.

Encontré el grupo de lectura de Chesterton a través del sitio web de American Chesterton Society: www.chesterton.org. Los sitios web de muchos otros autores también listan grupos de lectura para sus hinchas, o tienen foros electrónicos que permiten a los lectores comunicarse entre sí.

- **Clubes deportivos.** ¿Le encanta correr? ¡Qué suerte! Lo más que corro es cuando voy a agarrar el tren subterráneo, lo cual está mal, porque las mujeres que disfrutan correr tienen muchas oportunidades excelentes de conocer a hombres que comparten su pasión. Hay 700 clubes de corredores por todo Estados Unidos, con alrededor de 175.000 miembros, listados en el sitio web de Road Runners Club of America: www.rrca.org. Para ser miembro, no tiene que ser profesional de ninguna manera; muchos clubes de Road Runners aceptan miembros que corren a cualquier velocidad. Así como con los clubes de libros, es una manera fabulosa de llegar a conocer a gente a lo largo de un período prolongado. A diferencia de los clubes de libros, le permite hacerlo castamente mientras que su cuerpo está todo sudoroso y caliente. Los clubes para otros tipos de deportes, como el ciclismo, también son fabulosos. A menudo puede averiguar sobre ellos en su YMCA u otro club de ejercicios.

- **Grupos sociales auspiciados por una iglesia.** Hay dos clases de grupos sociales auspiciados por iglesias. Uno es indispensable si está tratando de conocer a hombres que comparten su fe y el otro debe de evitarse a toda costa.

Los grupos de tipo incorrecto son los que mi pastor describe acertadamente como «grupos de jóvenes adultos que no son ni jóvenes ni adultos». Enfocan sus actividades en ingerir bebidas alcohólicas, ver las películas para adultos más recientes, y en irse a «retiros» que realmente son fiestas que duran todo el fin de semana. Muy bien, quizás eso *sí* suene emocionante, si le gusta la idea de convertir al sótano de su iglesia en una especie de casa loca estilo «Animal House» con cruces.

Por ejemplo, mientras escribo esto, estoy viendo el sitio web de un grupo de jóvenes adultos cristianos «contemporáneos» de la ciudad de Nueva York, anunciando su «reunión mensual de una hora feliz para aquellos que tienen entre veinte y treinta años: Habrá especiales de tragos mixtos a $5, y cerveza a $3».

El hecho de que el evento beneficia a una despensa de comida para el necesitado, no altera su naturaleza: beber es beber, ya sea por una causa buena o no. No hay nada particularmente cristiano en asistir a un evento como éste; puede que se encuentre con gente de fe religiosa allí, pero no puede esperar que demuestren su fe en un ambiente así. La cerveza dando vueltas libremente los invita a tratarse como lo harían en un bar de solteros: como objetos.

Como si quisieran enfatizar su objetivo, el mismo grupo de jóvenes adultos también tiene un próximo evento al que describen como caridad extrema en una cantina.

La clase correcta de grupo social de una iglesia no se enfoca en la cerveza y los bares, sino en la fe y el compañerismo. Allí es donde encontrará a hombres de fibra moral más sólida que la de alguien que se la pasa en una cantina. Es un grupo como al que pertenece mi amigo de blog, Mike «Nightfly» (nightfly.blogspot.com), un hombre soltero, casto, cerca de treinta y cinco años, y al cual pertenecería si no estuviera a ochenta kilómetros de distancia, YACHT: Young Adult Christians Hanging Together [Jóvenes Adultos Cristianos Reuniéndose Juntos].

El nombre lo dice todo: YACHT se reúne a través del apoyo de sus miembros, haciendo cosas que les permiten conocerse en un ambiente seguro, afectuoso, y de respaldo. Cada dos semanas, se reúnen en un restaurante del área local para tener «Estudio bíblico, compartir su fe, y socializar». La «socialización» incluye la bebida, pero es evidente por la descripción del evento que el alcohol sólo complementa el compañerismo; no es la atracción principal. (Una persona que sólo tiene la intención de emborracharse probablemente no asistirá a un evento que se anuncia como un estudio bíblico.)

Los miembros de YACHT a menudo va al cine y obras teatrales, siempre y cuando no tengan mucho sexo y violencia, y van en viajes de turismo. Más o menos cada mes tienen un «proyecto de servicio»; un esfuerzo voluntario dirigido a ayudar a los necesitados en su comunidad. También tienen reuniones frecuentes en las casas de los miembros, como cenas en las que cada uno trae un plato para compartir, o noches de juegos en los que compiten a las cartas, Scrabble, Monopolio, y juegos por el estilo.

El pertenecer a un grupo como YACHT lo hace sentir a uno como parte de una familia, y cuando está viviendo de manera casta, usted necesita el sustento espiritual que una familia extensa puede proveer.

- **Jóvenes demócratas / Jóvenes republicanos / Libertarios, etc.**
  Hablando estrictamente en términos de cantidad, no calidad, yo he conseguido más citas de los grupos políticos sociales que de cualquier otra clase de salida social. De hecho, en los últimos años,

probablemente he conseguido más citas de esos grupos que todo lo demás *junto*. En general, los hombres tienden a ser más activos políticamente que las mujeres. En reuniones dirigidas a un partido político en particular, usted puede estar casi segura de ser parte de una minoría femenina pequeña y valiosa.

Pero antes de que entre a la Internet y busque al grupo juvenil de su partido político cerca de donde vive, tenga cuidado. Más citas implican más desencantos.

Así como sucede con los grupos de ni jóvenes ni adultos de algunas iglesias, la palabra clave para muchos de estos grupos sociales de los partidos políticos es «parrandear». En consecuencia, atraen a muchos hombres que sólo buscan acostarse con mujeres. Algunos de estos hombres son tranquilos y guapos, y están buscando mujeres inteligentes que les escuchen hablar con convicción acerca de temas políticos. En el mejor de los casos, esos operadores tranquilos son monógamos en serie —hombres que pueden ser fieles por un tiempo, pero que al final huyen de los compromisos. (¿Amargada? ¿Yo? ¡Qué va!)

En el extremo realmente inferior del espectro, algunos hombres asistirán a propósito a eventos de grupos políticos con los que no están de acuerdo, sólo porque han escuchado que las mujeres ahí son «fáciles». Yo conocí a un estudiante conservador / libertario de Derecho que asistía de incógnita a funciones del partido socialista por ese motivo. Y como si eso no fuera suficientemente asqueroso, escribía sobre las comunistas que había conquistado en su blog. Otros hombres bien parecidos que vi en eventos de conservadores, eran miembros secretos del grupo izquierdista multi millonarios para Bush. Hasta ahora, no estoy segura a quién están engañando, si a los conservadores o a los multi millonarios.

Ahora que ya se le ha advertido completamente, prepárese para divertirse mucho en los eventos de los grupos sociales políticos. Generalmente tienen una reunión mensual con un orador estelar, un periodista, un experto político, o un político del área local, seguido de bebidas o una cena en algún bar de las inmediaciones. Algunas personas no van a la reunión pero sí van directamente a las bebidas, pero le aconsejo que también vaya a las reuniones; es una buena manera de saber cuál hombre está allí por la política y cuál para parrandear. Los hombres de integridad, que están seriamente interesados en lo que está pasando en el mundo, asistirán a la reunión y se impresionarán de también ver allí a una mujer intelectualmente comprometida.

Si en verdad va a una reunión de un grupo social político y capta la atención de un hombre, y más de uno es probable que la note durante su primera vez allí, tómelo con calma. No estoy aconsejando esto por la castidad (aunque es una razón suficiente), sino para que se dé tiempo de aprender los contornos de su nuevo ambiente social.

Después de todo, si realmente le importa la política, es posible que quiera continuar asistiendo a las reuniones. No le conviene que se precipite a algo con un miembro regular del grupo, y luego no resulte y después tenga que ver a ese miembro en reuniones futuras. Es mejor llegar a conocer a los miembros del grupo en dos, tres, o más reuniones, observar cómo socializan y descubrir si están verdaderamente interesados en lo que tiene que decir, o si están solamente explorando la sala para identificar posibles citas. Haga eso y muy bien pueda que evite a los tontos para encontrar a su sueño adorado.

• **Juegos de trivialidades en equipo.** Lo sé, lo sé, he estado aconsejando acerca de los peligros de los bares como una defensora de la prohibición a toda marcha. Pero hay *una* cosa que he descubierto en los bares que es una manera fabulosa de conocer a hombres inteligentes, ingeniosos, y, a veces, seriamente deseables: el juego de trivialidades en equipo.

No me refiero al juego Trivial Pursuit [Persecución de trivialidades] o el juego de trivialidades de video que tienen algunos bares. Hay un tipo más reciente de juego de trivialidades que se ha popularizado tremendamente en los últimos años, en el que una persona real en vivo, no un video, hace preguntas referentes a una variedad de categorías, y equipos de jugadores escriben las respuestas. Al final del juego, las hojas de respuestas son calificadas y los equipos con la mayor cantidad de respuestas correctas ganan premios. A veces se le llama Quizzo, como el juego popular de Filadelfia (www.quizzo.com). De cualquier forma, es la única manera que conozco en la que una puede volverse popular en un bar a causa de su cerebro, no su apariencia.

Si todo esto suena terriblemente ganso, puede que no sea para usted, pero sé por experiencia que la gente que juega a las trivialidades en equipo semana tras semana hace nuevos amigos y, a veces, encuentran a su pareja.

Mi amiga Valerie no es una gansa en lo absoluto. Ella es una mujer de New York a la moda, y astuta. Pero cuando fue a un juego de trivialidades de los martes en la noche, se enamoró de uno de los jugadores estelares. Jon, un periodista y editor de copias, era un clásico diamante en bruto: un guapo discapacitado en el juego de las citas amorosas por sus anteojos gruesos y su tímida y desapercibida manera de ser. Hoy, son recién casados y hacían una hermosa pareja en el día de sus bodas (aun más con Jon luciendo sus nuevos lentes de contacto).

- **Inicie su propio club.** Yo he iniciado un número de grupos y eventos sociales exitosos, desde Trivialidades los Martes en la Noche, a una Noche de Baile con Disc Jockey, hasta una hora de cocteles para la gente de los medios de comunicación. Y hay una cosa que he aprendido: si usted le llama a algo «club», la gente inmediatamente querrá incorporarse. ¿Sabe que algunos dicen que la vida es como la escuela secundaria pero con dinero? Es cierto. Así como sucedía en la secundaria, nadie quiere ser excluido de un club.

Otra ventaja de iniciar un club es que invitar a un interés amoroso a uno de los eventos de su club le da una oportunidad de conocerlo mejor teniendo a otra gente alrededor. Hay menos presión sobre ambos si él viene al evento que si usted sale a solas con él; además verá un aspecto social de él que no lo vería si estuviera sola con él. También, si no está segura si es que él está románticamente interesado en usted, lo puede invitar a uno de los eventos de su club sin parecer que le está pidiendo que salga con usted.

Iniciar su propio club puede que la conecte con nuevos hombres o no. Puede ser que los mismos pocos amigos aparezcan en cada reunión, pero provee diversión y camaradería mientras tanto. Aquí tiene algunas ideas para estimularla. Comience invitando a sus amigos, conocidos, y compañeros de trabajo cercanos y luego deje que ellos inviten a sus amigos:

Club gourmet: Es un grupo que se reúne regularmente (cada miércoles, por ejemplo, o el primer miércoles del mes) para probar un nuevo restaurante de un precio cercano al límite superior del presupuesto de los miembros del club. (No pude ser *muy* caro para no asustar a la gente.) Los miembros acuerdan ordenar en grupo, compartiendo los platos y dividiéndose la cuenta, para tener una impresión más completa del menú del restaurante. El compartir también invita a la conversación, facilitando que los miembros se conozcan.

Salón: Hace unos veinte años, alguna persona a la moda tuvo la idea de revivir una noción anticuada: Invitar a un grupo de amigos a su casa, servirles café, hablar de algún tema, tal como los asuntos políticos del día, filosofía, o fe, y llamarlo «salón». ¡Bingo! De pronto, es emocionante sólo sentarse y hablar.

Club de películas: ¿Tiene usted o una amiga un televisor de pantalla gigante? Elija un género de película favorito, como romántico, suspenso, o clásicos de Walt Disney, y exhiba una película de ese género al club de manera regular. Si necesita ideas, el American Film Institute ha recopilado una cantidad de listas, desde las «100 películas más grandiosas de Estados Unidos» a las «100 comedias más graciosas» y las «100 historias de amor más fabulosas»; las puede encontrar en el Internet en www.filmsite.org/afi100films. html. Cada miembro del club debe traer un refresco diferente para compartir con el resto del grupo para que haya una variedad deliciosa de bocaditos para la película.

- **Voluntariado.** Quizás ya ha leído que el voluntariado es una manera excelente de conocer a hombres calificados, y por una buena razón. Para empezar, le da la oportunidad de saber más de sus compañeros voluntarios al trabajar junto a ellos, conociendo así más de su carácter que de una manera casual. Otra razón, la coloca junto a hombres que comparten su deseo de ayudar a otros, y que tienen otras cualidades que son importantes en un esposo, como la integridad, bondad, y generosidad.

Es la parte que tiene que ver con compartir su deseo de ayudar a otros lo que es atractivo. Si quiere conocer a hombres a través del voluntariado, tiene que querer en su corazón hacer que el mundo, o una parte pequeña del mismo, sea un lugar mejor para vivir. De otro modo, usted no estará dando lo mejor si un hombre atractivo se acerca mientras está trabajando como voluntaria, o se cansará muy rápido si uno no llega.

La mayor parte del trabajo de voluntaria que he hecho ha sido individual (como el repartir comida a ancianos que no pueden salir de sus casas), pero mi amiga Caren Lissner, una novelista (*Carrie Pilby*) que inició conmigo Trivialidades los Martes en la Noche, a menudo hace obras de voluntaria que implican a grupos grandes. «Una cosa que hay que hacer es trabajar de voluntaria junto con una amiga», aconseja ella, «porque a veces puede llegar a una actividad y ni siquiera realizar un trabajo de voluntaria; la gente coordinando las actividades de voluntaria con frecuencia están tan apuradas como los voluntarios y la gente a la que sirven. Ellos necesitan voluntarios, pero a veces las cosas se pueden volver ajetreadas. Por supuesto, hay suficientes actividades que usted puede realizar sola, y a veces estar sola facilita hablar con otros voluntarios y conocerlos.

«Hay tantas oportunidades de voluntariado que es bueno encontrar una que le interese y abra nuevos mundos», añade Caren. Muchas de estas oportunidades aparecen en los sitios web o en

boletines por grupos llamados «centros de información de voluntarios» o cuerpos de servicio. Una llamada telefónica a la oficina
de su gobernador, o una búsqueda por el Internet de su «centro de
información de voluntarios» lo debe conectar con su cuerpo local
de servicios. Estas organizaciones facilitan a los jóvenes profesionales ocupados a encontrar oportunidades para que ofrezcan unas
cuantas horas por aquí y por allá. En toda probabilidad, no importa
cuáles sean sus intereses, consolar a bebés, ayudar a ancianos,
cuidar animales, ayudar con el medio ambiente, para mencionar
unos cuantos, existe una oportunidad para hacer trabajo voluntario
en su área local que enriquecerá su vida.

Caren recomienda ser voluntaria de Habitat for Humanity
[Hábitat para la humanidad] (en línea en www.habitat.org), una
organización sin fines de lucro que construye casas para familias
de bajos recursos económicos, «porque usted trabaja junto a otros
adultos y realmente tiene tiempo para hablar y conocerlos». Hábitat
para la humanidad construye en diversos lugares por todos Estados
Unidos y el extranjero, y usted puede trabajar de voluntaria un día
como mínimo para ver si le gusta.

«Las cocinas que reparten sopa son otra manera de conocer
a gente mientras entrega comida, sirve, y todo lo demás», añade
Caren. «Generalmente los voluntarios comen juntos antes de
entregar la comida».

Si empieza a trabajar de voluntaria, puede descubrir, como
lo hemos hecho Caren y yo, que las recompensas son mayores y
más variadas de lo que usted se espera. «Recuerde que todo evento
que amolde su personalidad y la enriquezca como ser humano
aumentará su habilidad de encontrar a alguien y relacionarse con
diferentes tipos de hombres y mujeres en el futuro», dice Caren.
«Siempre hay algo que ganar a través de una experiencia nueva,
además del bien que usted hace en el mundo al dar a otros».

quince
encuentros de ropa

Cuando por primera vez establecí la castidad como meta, mi cama recibió el mensaje mucho antes que mi guardarropa. Mi nuevo estilo de vida me dio un nuevo tipo de confianza, y yo asociaba la confianza con mostrar mi cuerpo con ropa sexy.

Desde la adolescencia e incluso antes, a las jóvenes se les enseña a usar el maquillaje y la vestimenta como un atajo para tener autoestima. Aprenden que con la ayuda de la vendedora de maquillaje de las tiendas, pueden lograr una apariencia más «madura» que las hace distinguirse de sus compañeras de clase. Aprenden que pueden al instante volverse más populares con los chicos con tan sólo usar zapatos de taco alto.

Es natural que las chicas quieran experimentar con las maneras diversas de vestirse mientras pasan a ser mujeres adultas. Lo que es triste es que nuestra cultura, a través de los medios de comunicación, particularmente las revistas de mujeres, trata de mantener a las mujeres en un estado emocional de niña.

En lo que respecta a la auto imagen, el maquillaje y el vestido deben ser, a lo mucho, una muleta, buena para apoyarme, pero no para ser una base sicológica. A las mujeres se les debe enseñar desde temprano que, como dijo Jesús, el cuerpo es más importante que la ropa.

Yo solía ver a mi ropa como parte de una fórmula química, si se le puede llamar así: Tómame; añade bastante maquillaje; un vestido escotado que muestre los muslos, y botas de cuero negro hasta las rodillas; y ¡zas! Reacción masculina instantánea.

Aunque sabía que la reacción era por mi ropa reveladora y no mi personalidad, no me importaba porque prefería lograr algo de atención que ninguna en lo absoluto. Temía que si los hombres no notaban mi cuerpo inmediatamente, yo les sería invisible. Usar ropa y maquillaje que garantizaba el ser notada, entonces, me daba una sensación de control.

Está por demás decir que una vez que me convertí en casta, mi vieja manera de vestir era una receta para tener problemas desastrosos. En poco tiempo descubrí que una mujer casta, más ropa no casta, es igual a una hipócrita instantánea.

Puede que haya sabido lo que estaba en mi corazón, pero otros a mi alrededor no. Para ellos, yo les parecía una farsa. Por motivos como este es que el apóstol Pablo dijo que evitemos toda especie de mal (ver 1 Tesalonicenses 5.22).

Al mismo tiempo que estaba engañando sin querer a otros, yo me estaba engañando a mí misma. No importa cuán confiada me sentía con mi castidad, la manera en que me vestía sin duda afectaba mi conducta. Yo me conducía diferente si usaba zapatos de salón y un vestido cortito que se apegaba a mis curvas, volvía nuevamente a la «iniquidad de mis opresores».

Al final, después de algunos momentos incómodos tratando de vestirme de una manera y comportarme de otra, me di cuenta de cuál era el problema. Estaba tratando a la castidad como si fuera simplemente una elección de estilo de vida cuando, así como con el matrimonio, es mucho más que eso. Es una *vocación*.

«Vocación» no es un término que se escuche frecuentemente en una conversación. Cuando se usa, generalmente significa algo que tiene que ver con trabajo. De hecho, una vocación es mucho más que un trabajo. Es una misión.

Nosotras elegimos trabajar. Elegimos *convertirnos* en nuestras vocaciones.

Fíjese que dije «elegimos». Lo hermoso de una vocación es que es una decisión. Cuando la elegimos, como al elegir la castidad, asumimos el control de nuestras circunstancias y de ese modo abrimos las puertas a todo tipo de bendiciones, dones que nunca podríamos recibir si viéramos a nuestra condición de vida como algo que se nos ha impuesto a la fuerza.

Por ejemplo, considere la vocación de ser madre. Algunas madres con niños pequeños siempre parecen estar incómodas al estar rodeadas de sus hijos. Parecen no ser capaces de controlar a los pequeñuelos ni de disfrutarlos. Otras madres disfrutan de manera natural a sus hijos. Saben cómo tener disciplinados a los revoltosos sin perder su temperamento. La primera clase de mamá ve a la maternidad como un trabajo; la segunda, como una vocación.

Una vez que comencé a ver a la castidad como vocación, quería vestirme de una manera que fuera de acuerdo a mi vocación. Esto fue muy diferente a la manera en que cambiaba mi vestuario en el pasado, cuando lo actualizaba por un trabajo nuevo. Tuve que reconsiderar completamente la manera en que me vestía no sólo para el trabajo sino para dondequiera que fuera.

¿Era deprimente hacer casto mi vestuario? Sólo si cree que ser una estrella de Hollywood es deprimente.

Es irónico, lo sé. A Hollywood no se le conoce precisamente por la castidad, pero el mejor ejemplo de vestirse para ir de acuerdo a la vocación de uno es la manera en que las estrellas de cine se visten para ajustarse a su vocación. No estoy diciendo que salga alocadamente de compras al estilo de la película «*Pretty Woman*». En cambio, fíjese cómo las estrellas ven sus propias identidades.

Una bella actriz de Hollywood es una actriz de Hollywood *todo el tiempo*. Nunca puede salir de su casa en andrajos. Tiene que estar a la moda en todo momento, porque, ni Dios lo quiera, que los paparazzi la sorprendan usando el traje de baño del año pasado.

La actriz se viste como una estrella de cine las 24 horas del día, 7 días a la semana en parte porque sabe que tener una imagen pública a la moda la ayudará a obtener buenos papeles. Pero también lo hace porque es lo que se espera de ella. Ella es una estrella; por lo tanto, su público quiere que ella se vea como una estrella. La actriz cumple con las expectativas del público porque le encanta ser una estrella y ha elegido libremente esa vida.

Así es tener una vocación. Usted elige un rol en la vida y permanece fiel a ello en sus acciones y apariencia aun si hay algunas mañanas en que preferiría ser otra persona. Usted lo hace porque sabe que su dedicación y duro trabajo le traerán recompensas, tanto a corto como a largo plazo.

Como una estrella, usted entra al escenario cada vez que sale por la puerta. Su público es todo aquel con el que se encuentre durante el transcurso del día, desde los vecinos a compañeros de trabajo, amigos, y extraños. Para ellos, su vocación de castidad implica un ministerio: un ministerio de belleza.

Yo en realidad creo que las mujeres castas tienen una responsabilidad más grande de verse bien que las no castas. Al vestirse de una manera que revele nuestra gracia natural sin explotar nuestros cuerpos, podemos afectar radicalmente al mundo, cortando con la superficialidad y demostrando que la belleza es más que externa.

Después de todo, una mujer soltera casta que se viste hermosamente no tiene una agenda egoísta. No está tratando de manipular con su atractivo sexy, ni tampoco está tratando de ganar su simpatía en su sencillez. Ella está compartiendo modestamente todos los dones, tanto físicos como espirituales, que Dios le dio. De este modo, desafía a una cultura que se rehúsa a reconocer que una persona pueda tener un motivo de su belleza que no sea la ganancia personal.

Las reglas son sencillas. Cuando estoy escogiendo un atuendo, me pregunto si me hace sentir cohibida de mi cuerpo en lo más mínimo. Ahora, no quiero decir: «¿Me hace desear que fuera más delgada?» Puedo ponerme casi cualquier cosa y desear que mi trasero fuera más pequeño, mi estómago más plano, etc.

Yo quiero decir, por ejemplo, si me estoy probando una falda, me pregunto sinceramente: «¿Me voy a sentir como si la gente estuviera mirando fijamente a mis muslos?» Si mis instintos dicen sí, entonces probablemente tengan la razón. Es mejor encontrar una falda bien estilizada que deje algo a la imaginación. Asimismo, si me estoy probando una blusa, me pregunto: «Cuando entro a una sala, ¿van a estar los ojos de las personas mirando automáticamente a mi pecho?» Una vez más, si la respuesta es sí, estoy mejor con una blusa de mi color y tela favoritos pero no tan apretada o escotada.

Una cosa genial es revisar detenidamente su guardarropa, sacar cualquier cosa que no le quede perfectamente bien, y donarlo a la tienda de ropa usada de su área local. No hay motivo para tener algo que no le queda bien. Es deprimente, y además deja la incómoda posibilidad de que pueda tratar de ponerse una falda demasiado apretada cuando todo lo demás se está lavando.

Muchas mujeres que creen que están subidas de peso tratan de ocultar sus cuerpos detrás de vestidos que son demasiado grandes. Si esa es usted, por favor, regale las sudaderas extra grandes al Salvation Army y pase un tiempo de calidad en la tienda Lane Bryant. Ahora hay tanta ropa atractiva y bien hecha para mujeres de talla grande, mucha más que cuando era una estudiante de talla 18 y pesaba 78 kilos, que no se debe privar de la oportunidad de sentirse más bonita.

Algunos tipos de ropa están descartados si usted está viviendo la vocación casta, como tacos tan altos e incómodos que usted se tambalea en ellos, cualquier cosa de vinilo que no sea un impermeable, y ropa interior como si fuera exterior. Pero a menos que esté obligada por contrato a usar un corsé en plena luz del día, probablemente no va a extrañar ninguna de esas cosas una vez que se acostumbre a vestirse de manera casta.

Yo uso faldas que varían de largo entre las rodillas y la mitad de la pantorrilla —aún me pongo de vez en cuando una minifalda, pero sin combinarla con medias de crochet y una blusa escotada como lo hacía antes. Uso mucho terciopelo en el invierno, y algodón con diseños estampados en el verano. Parece como si prácticamente cada vez que voy a la tienda de segunda mano, regreso con otro vestido para cocteles de los años 60. Tengo jeans campana que me quedan, y botas para ponérmelas con ellos. Y por supuesto, al vivir en el área de la ciudad de Nueva York, uso *demasiado* el negro.

En resumen, me estoy divirtiendo muchísimo dándome el gusto con mi sensibilidad de vestuario como para extrañar el traje apretado de una pieza con pantalones cortitos, color negro y de vinilo, de cuando no era casta (parecía de la película de ciencia ficción, Barbarella que había tirado a la basura. Aun más que eso, me siento verdaderamente confiada de estar luciendo lo mejor y proyectando la imagen de una mujer capaz, segura, y dinámica.

Cuando era niña, creía que mi madre se parecía a Shirley Jones del programa de televisión *La familia Partridge*, y que su armario era igual de moderno. La primera pieza de ropa que puedo recordar que deseaba usar desesperadamente fue el traje morado de mamá, sin espalda y largo hasta el tobillo. Después, a principios de los 80, ella tenía un lindo traje del ejército, de una pieza, con cierre al estilo *Soldado Benjamin*, y

después, me emocioné cuando me regaló su falda de volantes y terciopelo marrón.

Puesto que mamá tiene amor por la moda así como también entendimiento de la castidad, le pedí que compartiera sus ideas de cómo el
cambio de imagen puede ayudar a cambiar la vida de uno. Aquí está
lo que dijo:

Imagínese un árbol de Navidad con las luces encendidas, ubicado
en su sala, dos semanas antes de Navidad. Debajo hay regalos de
todo tipo en abundancia. Todos están envueltos cuidadosamente
con papel colorido. Algunos brillan, otros tienen una belleza más
recogida. Algunos tienen lazos encima. Algunos tienen cintas con
rulitos, otros tienen calcomanías graciosas. Usted no sabe lo que
ninguno de ellos tiene por dentro. Sabe algunas de las cosas que
han pedido, algunas de las cosas que han deseado. Se imagina lo
que hay en algunos de los regalos, pero no está segura. Espera que
por lo menos un regalo la deje boquiabierta. Y que un regalo será
el que se ha imaginado sólo en sus sueños.

Ahora, imagínese el mismo árbol, con sólo unos cuantos regalos
todavía envueltos. Incluso esos han sido manoseados. Partes de
los papeles de regalo están rotos y las cintas están desatadas. Pero
la mayoría de regalos están un poquito abiertos así que puede
curiosear. Sabe que un regalo tiene un reproductor de CD (pero
no de la marca que pidió); el otro es una chompa (no de su color
favorito); este otro es un florero de cristal (otra cosa para sacudirle
el polvo). Sabe que va a usar muchos de estos regalos. También
regalará algunos al Salvation Army. Una o dos cosas son las que
pidió. Pero la magia de la envoltura ha desaparecido, y ninguno de
los regalos la deja boquiabierta, ninguno es el regalo de sus sueños.
Está agradecida, pero es una Navidad como las demás.

Dios la hizo para que sea un regalo para el mundo. Parte de ser
un regalo está en la empaquetadura. Usted se ve lo mejor cuando

está empaquetada como una sorpresa. Se ve lo peor cuando ha sido manoseada en la tienda.

Todo esto se trata de la modestia, el tipo correcto de modestia. La modestia no es parecerse a un ratón de iglesia. La modestia es parecerse a un regalo maravilloso.

Con su analogía de regalos de Navidad, mamá hace resaltar un punto fabuloso: ¡la modestia es sexy! Los hombres tienen una imaginación notablemente viva —y disfrutan ejercitarla. El usar ropa modesta pero linda forma un aire de misterio alrededor suyo. Para un hombre que la encuentra algo atractiva, el hecho de que usted claramente valorice su cuerpo, y sin embargo no desee mostrarlo mucho, es seductor. Eso le sugiere que lo que está ocultando es por lo menos tan atractivo como lo que puede ver.

Pero la modestia, como sugiere mi madre, no es simplemente despertar la curiosidad del sexo opuesto. Eso lo reduciría al nivel de una mercancía. De hecho, la modestia es parte de una manera de vivir casta, una vocación que debe afectar cómo nos relacionamos con todo el mundo, no sólo posibles enamorados.

Cuando pienso en vivir la vocación de la castidad, pienso en las palabras de Jesús: «Porque a todo el que tiene, se le dará más, y tendrá en abundancia. Al que no tiene se le quitará hasta lo que tiene» (Mateo 25.29 NVI). Aquellos que sólo se preocupan de agradar a un grupo pequeño de personas, como las solteras que sólo se preocupan de cómo se ven delante de los hombres, están viviendo como si tuvieran muy poco que ofrecer. Porque se definen por su carencia, y racionan su bondad como si hubiera hambruna, lo poco de felicidad que tienen se les va a quitar.

La mujer casta que vive su vocación actúa hacia todos lo que la rodean como si tuviera una abundancia de bondad amorosa. Digo «actúa» porque puede que no siempre se sienta muy amorosa, sin embargo se lanza por fe a entregarse, confiando que Dios aceptará su sacrificio de bondad y lo convertirá en algo de belleza. Puesto que está viviendo bajo el principio de que tiene algo que dar, «se le dará más», y de veras «tendrá en abundancia».

Mi madre obtuvo su amor por la moda de su mamá, mi querida abuela Jessie. Mi abuela era tan hermosa cuando niña que cuando sus hermanos y hermanas solían representar películas en su patio trasero, a ella siempre le daban el papel protagonista, porque a todos les encantaba vestirla. Recuerdo cuánto le encantaban los accesorios; cuando niña, yo solía jugar con sus guantes elegantes y alhajas de fantasía.

Cuando le pedí a mi mamá que compartiera sus ideas sobre la modestia, las concluyó con un recuerdo de los últimos días de mi abuela. Me conmueve leerlo, porque recuerdo lo enferma que estaba mi abuela en sus últimos meses, y cómo parecía que nada la podía hacer sonreír. Con el fallecimiento de mi abuela, las palabras de mamá me recuerdan que es toda una bendición poder compartir la belleza interna y externa, especialmente con gente que no tiene suficiente belleza en sus vidas:

Recuerdo cuando mi mamá estaba en el hospital, muriendo de una enfermedad aterradora. Apenas podía moverse o hablar. A diferencia de la mayoría de visitantes de los hospitales, yo no usaba jeans y una sudadera para ver a mi mamá. Yo me ponía un vestido elegante. Estaba limpia y destellante, con maquillaje puesto. Parecía que estaba saliendo a ver un espectáculo. Los ojos de mi mamá brillaban cuando me veía: «¡Te ves hermosa!» Al revivir el espíritu de mi mamá durante esas visitas al hospital, me di cuenta que fui creada para celebrar. De hecho, ¡fui creada para ser una celebración para todo el mundo!

dieciséis
déjese llevar por la pasión y lo lamentará: enfrente a la tentación

Cuando tenía nueve años, estaba en la etapa en que me parecía que no todos los chicos daban asco, y que más o menos me gustaban algunos de ellos. Es una linda etapa y la recomiendo. Es mucho más fácil de sobrellevar que la subsiguiente etapa obsesionada con los chicos, y mucho más agradable que la que le precede y considera que todos los chicos dan asco.

Desafortunadamente, nueve años es una edad muy difícil para interesarse por lo que los chicos piensen de uno, porque también es una edad en la que probablemente se pierden algunos dientes. Cuando estuve en el campamento de verano ese año, mi sonrisa tenía una gran brecha que ridiculizaba cualquier intento de ser glamorosa.

A pesar del agujero en mi sonrisa, no podía alejarme del objetivo de mi atracción, un niño bromista de doce años llamado Jason Brimer. Siempre me gustaron los chicos que me hacían reír, y él era sin duda el payaso del campamento, con sus imitaciones de celebridades y bromas en vivo.

Jason debió haber sabido que me gustaba porque yo no era muy sutil en seguirlo por el campamento. Pero aparte de eso, sabía que no podía esperar mucho. Él era demasiado popular como para dedicar tiempo a una tontita como yo.

Una mañana, me despertó el sonido de unos gritos. ¡Los chicos estaban asaltando nuestra cabaña! Miré desde la parte de arriba de mi cama camarote para encontrar la habitación con chicos aglomerados haciendo ruido, tirando cosas por todos lados, y mayormente causando estragos.

Lo primero que hice fue taparme con mis sábanas lo más que pude pero aún viendo lo que estaba sucediendo. El camisón de poliéster de manga larga que había usado para dormir se había calentado en la noche y me lo había quitado y puesto debajo de las cobijas. ¡Ni Dios quiera que los niños descubrieran que estaba desnuda!

Pretendiendo estar tranquilamente desentendida del caos que me rodeaba, esperé ansiosamente a que termine el griterío, los chorros de champú, y los lanzamientos de calzones.

Pero no pude engañar a Jason Brimer.

Se acercó al borde de mi cama, el cual le daba a la altura de su nariz. Temblé un poquito mientras me miraba. Mi gran temor era que me descubriera. ¡Por favor, Dios, no dejes que jale mi cubrecama! Pero aun si eso no sucediera, Jason todavía podía destruirme con su ingenio. Todo el tiempo me llamaban por apodos, pero un insulto de él realmente me lastimaría.

Él sonrió. Yo tímidamente le devolví la sonrisa.

«Hola, desdentada», dijo él. Luego se fue corriendo.

Después, cuando mis compañeras de cama y yo pusimos en sus compartimentos los artículos personales que los chicos habían desparramado, una niña que había visto a Jason acercarse a mí preguntó lo que había pasado.

Cuando le conté, ella dijo: «Ay, debe ser que tú no le gustas».

«No», dije valientemente «Sí le gusto. Lo dijo porque no puede decirme que le gusto». (No es por nada que soy la hija de una psicóloga.)

Mi esperanza se cumplió unos cuantos días después, cuando Jason me dio un beso rapidito, en el cuello, nada menos. Alegremente se lo dije a una consejera del campamento, quien arrinconó inmediatamente a Jason, y allí terminó todo eso. Pero eso no es lo que importa.

Lo que interesa es que por el resto de mi vida, cuando me encuentro regresando a la fase en que los chicos dan asco, recuerdo el puro gozo de ese «Hola, desdentada».

En un momento, en un salón lleno de gente que está hablando en voz alta, un hombre puede decir dos palabras que producen una sensación de intimidad sorprendente, seductora y completamente deliciosa. Me ha ocurrido eso desde mis días de campamento de verano, y sé que me pasará otra vez. Sin embargo, si sucede en un salón lleno de gente, creo que es seguro decir que no estaré en la cama desnuda.

Como mujer, la repentina atención de un hombre atractivo puede causar cambios instantáneos y agradables en su mente y cuerpo. Por eso, cuando usted está practicando la castidad, lo primero que hay que entender de la tentación es que si no es vulnerable a ella, algo está haciendo mal.

No quiero decir que salga y busque a la tentación —todo lo contrario. Así como le pedimos a Dios que «no nos deje caer en la tentación», así debemos evitarla, incluyendo evitar a gente, lugares, y situaciones que posiblemente nos tienten.

Para entender lo que estoy diciendo, recuerde las razones por las cuales consideró en primer lugar la castidad. Si usted es como yo, años de aventuras casuales y relaciones sin salida la dejaron decepcionada, cínica, harta, agotada, o todo esto junto. Por supuesto, todavía puedo encapricharme con algún hombre nuevo, pero después de haber sido lastimada tanto, a menudo dudé si podría mantener una relación amorosa madura; ni se diga un matrimonio para toda la vida.

Para nosotras las que hemos tenido sexo premarital, uno de los principales propósitos de la castidad no sólo es volverse pura, sino volverse nueva. Requiere una regeneración del corazón, para que ya no estemos encadenadas a nuestra antigua conducta, sino en cambio caminemos en «vida nueva». Para vivir la castidad de uno, es esencial quitarse la decepción, sacarse esa coraza protectiva del cinismo, y caminar como si estuviera encontrándose con el mundo por primera vez. Eso significa regresar a la manera en que usted era cuando los hombres eran una fuente de sorpresa y deleite, esos momentos «Hola, desdentada».

Ser nueva no significa perder la sabiduría adquirida a través de los años acerca de la manera de ser del mundo. Significa estar en este mundo pero no ser de aquí; saber qué es lo que está en las tinieblas, mientras se vive en la luz.

Una cosa que ser nueva no significa es ser «virgen otra vez» o, una «virgen nacida de nuevo». La propia idea de ser una nacida de nuevo virgen implica que el pasado de uno es tan vergonzoso que uno lo debe blanquear y volver a escribir la historia como autor de libro comunista.

Siempre y cuando usted se haya arrepentido de su conducta pasada, apartándose de ella y resolviendo no repetirla, no tiene nada de qué avergonzarse. Cuando traemos todo lo que hemos hecho ante los pies de Dios, él puede tomar incluso nuestros errores y hacer que ayuden a bien, concediéndonos la sabiduría para aprender de ellos.

Una vez que se convierte en nueva creación, completamente abierta a cualquier bendición reservada para usted, usted comienza a estar lista espiritualmente para encontrar a su futuro esposo. Como siempre, no obstante, el diablo está en los detalles. Esa misma apertura a las bendiciones es precisamente lo que la hace vulnerable a la tentación.

Ser tentada no es de por sí malo; el actuar sobre la base de ello lo es. Más aun, incluso si no actúa sobre la base de la tentación, usted tiene mucho que ganar si se detiene, no importa lo mucho que haya recorrido.

Nuestra cultura da aliento a la mentalidad que dice o todo o nada. ¿Abrió esa bolsita de golosinas de chocolate a pesar de estar a dieta? Mejor cómase toda la bolsa; se acabó su dieta. ¿Una alcohólica se da un traguito después de no haber bebido durante un mes? Mejor es que se emborrache; «rompió la regla».

Cuando se trata de sexo, el derrotismo aumenta con la actitud cultural arraigada de que una mujer tiene que terminar lo que comienza, de otro modo es una provocadora. Los hombres, por supuesto, saben esto; un bellaco se aprovechará del temor de una mujer de que él la acuse de seducirlo. En esos momentos cuando es difícil retener una perspectiva lúcida, ayuda recordar que nunca hay un lugar del que no se pueda regresar.

El camino a la tentación, muy distante de ser blanco y negro, es una línea continua que conduce a diversos tonos grises. Eso a veces puede dificultar el detectar cuando uno ha caído en ella, especialmente cuando se conoce inicialmente a alguien. Usted puede aceptar la invitación de un hombre para salir a cenar, sólo para descubrir que sus intenciones eran de salir a cenar, regresar a su casa y que usted se acueste con él. Pero aunque es siempre posible alejarse más de la castidad, también es posible detenerse donde se encuentra y saber que tendrá un regreso más corto que si continúa.

Una vez recobré el sentido cuando estaba media desnuda en el sofá de una cita amorosa. Como describí anteriormente, le dije a mi desconcertada cita, Bill, que yo estaba escupiendo en el rostro de Dios al pensar descaradamente que podía tener sexo con un hombre que Él no había escogido para mí. Luego me volví a poner la ropa, me excusé y me fui.

Estoy segura que Bill pensó que era una especie de fanática; la mirada en mis ojos mientras repentinamente me soltaba de él debió haber sido bastante intensa. Al dejar el apartamento de la manera en que lo hice, corrí el riesgo de que él pudiera ser rencoroso y le dijera a sus amigos que se alejaran de mí.

No sé si Bill realmente le contó a sus amigos, pero si lo hizo, al final de cuentas me estaba haciendo un favor. Nunca debe temer si un don Juan está esparciendo rumores de que usted es una puritana. Es probable que un chismoso que se acuesta por ahí con las chicas ni siquiera conozca a un hombre decente, y si uno lo escuchara, éste consideraría quién fue el mensajero.

Aunque uno siempre tiene que estar en guardia en contra de los descaradamente seductores, encontré que cuando comencé a practicar la castidad, mis tentaciones más fuertes vinieron de fuentes más sutiles. Eran hombres con los que ya tenía contacto: ex enamorados, amoríos a larga distancia, o «amigos apasionados».

Cuando usted ha estado disponible a un hombre en el pasado, especialmente un hombre que está «a la espera», uno que no es precisamente un enamorado pero que se acopla cuando ambos se sienten solos y han terminado con alguna relación, es bien difícil explicarle por qué ya no está disponible. Lo sé porque tuve un amorío así, y terminar mi relación sexual con él fue muy desagradable.

«Jay» era un guapo de apariencia de niño, pulido, e inteligente, con ojos azul pálido. (Me derrito por los ojos azul pálido.) Él y yo nunca habíamos disfrutado lo que llamaría una relación verdadera,—una en la que ambas personas viven en el mismo huso horario. Nos conocimos por medio de amigos mutuos, y, todo el tiempo que nos conocimos siempre habíamos vivido a cinco mil kilómetros de distancia. Teníamos una buena química en las raras ocasiones en que nos encontrábamos en la misma ciudad, pero ambos sabíamos que no era lo suficientemente fuerte como para hacer que uno se mudara para estar cerca del otro.

A pesar de la falta de intensidad, en el transcurso de diez años, Jay y yo nos sentimos cada vez más cómodos el uno con el otro, aunque habíamos tenido sólo como una docena de citas. La mayoría de veces, no dormíamos juntos; sólo nos poníamos al día conversando mientras cenábamos e intercambiando besos apasionados. Nunca realmente sentí que lo conocía. Era reservado, y de cualquier modo, uno realmente no puede conocer a alguien a esa distancia, pero el lado de su personalidad que me mostraba era afectuoso y no juzgador.

Ya que Jay no me juzgaba, tuve mucha dificultad en nuestra última cita en explicarle por qué ya no lo podía besar —o hacer cualquier cosa física con él, en realidad. (No ayudó el hecho de que ya lo había besado al saludarlo.)

Cuando se enfrenta a una situación como esa, en la que tiene que defender su castidad al que una vez fue su compañero sexual, lo mejor que hacer es decirlo de manera simple y sin pedir disculpas. En el caso de Jay, le dije: «De ahora en adelante, me estoy reservando para mi marido, porque todos los besuqueos y todo el sexo que he tenido nunca condujeron al matrimonio».

Hay algo en las palabras «Me estoy reservando para mi marido» que tiende a terminar una conversación. Jay no me presionó mucho después de eso.

Él tampoco podía argumentar con mi lógica. Incluso si contraatacara preguntando cómo sabía que la castidad conduciría al matrimonio, era obvio que besarlo no me iba a acercar más a un anillo de matrimonio.

Como lo dije, fue muy desagradable; Jay respondió con una perceptible y amarga especie de comentario al decir: «Haz lo que tienes que hacer». No creo que todavía esté en su lista de posibles compañeras de cena de Manhattan. Pero no interesa, porque puedo verme en el espejo y saber que hice lo correcto.

Cada vez que vence a la tentación, se está poniendo en la fila para recibir una recompensa. Mi recompensa por afirmar mi castidad a Jay fue la paz en mi mente. Me di cuenta de que al ser honesta y directa con él, le mostré más respeto que el que le había mostrado cuando me daba el gusto con su cuerpo sin estar casada con él. Además, al salirme de un asunto amoroso que no iba a ningún lado, hice borrón y cuenta nueva —poniéndome a la completa disposición del hombre que será mi único y exclusivo amor.

Al echarse en la cama después de un día duro de resistir a la tentación, usted puede ser tentada a deslizarse a tener una fantasía. Durante ese momento silencioso antes de quedarme dormida, a menudo solía masturbarme.

Ya no lo hago. No porque es pecaminoso, aunque esa es muy buena razón, sino porque he llegado a darme cuenta que me es dañino.

En esta época del SIDA y otras enfermedades transmitidas sexualmente de manera desenfrenada, muchas organizaciones que reciben fondos gubernamentales promueven la masturbación como forma de tener «sexo seguro». Los centros de planificación familiar están a la vanguardia en este esfuerzo, diciéndole a la juventud en su sitio web, Teenwire, que la masturbación es un «ensayo» para las relaciones sexuales. No sólo libera la tensión sexual, dicen los centros de planificación familiar, sino que también le permite aprender lo que a uno le excita y por lo tanto puede prepararse mejor para el acto sexual.

Cuando mis experiencias de tener coito se volvieron escasas, y mi masturbación aumentó, no hallé que esa masturbación fuese un «ensayo». Se convirtió en el evento principal, tanto que cuando tenía sexo, estaba tratando de reproducir las acciones y fantasías que había desarrollado mientras me masturbaba. En consecuencia, en lugar de enseñarme cómo mejorar mi experiencia física sexual, la masturbación en realidad redujo los medios por los cuales podía ser excitada.

Si una mujer requiere todo tipo de accesorio para ser excitada, si debe tener una cierta fantasía en mente, si su ruta hacia la satisfacción sexual es como un conjunto meticuloso de direcciones de Mapquest, ella no está sexualmente liberada. Ella está sexualmente aprisionada. Con todo su desenfreno y sus vicios, su habilidad de experimentar completamente el placer sexual se obstaculiza por las restricciones emocionales y físicas que se ha puesto.

La masturbación la entrena a uno a limitar la expresión sexual, porque todo se trata del orgasmo. Cuando se convierte en el modelo que el coito tiene que emular, el resultado es un concepto del sexo centrado en el orgasmo, en el que el cuerpo de uno y el de la pareja se vuelven en meros accesorios de las sensaciones genitales.

Imagínese si fuera posible ir en tren por el Yellowstone National Park, uno de los lugares más hermosos del mundo. Ahora, imagínese si ese tren estuviera yendo a 300 km/h. Por las ventanas, las gigantes secoyas y espléndidos pantanos serían casi invisibles, sólo parecerían una mancha borrosa verde y marrón. Así es el coito cuando la intención prevaleciente es rendir homenaje al todopoderoso orgasmo. El sexo, el cual debería unir a un esposo y su esposa en el amor más intenso que se pueda obtener, queda reducido a una carrera desenfrenada por alcanzar la meta de la mera satisfacción.

Así que, por medio de la masturbación, me estaba enseñando a ser una compañera sexual egoísta y superficial. ¿Y para qué? Unos cuantos segundos de orgasmo, después del cual me sentiría más sola que antes.

Leer un poquito de biología me reveló que la soledad que sentía después de la masturbación no existía únicamente en mi cabeza. Cuando un hombre o una mujer alcanzan el orgasmo, se libera en la sangre una hormona llamada oxitocina. En las mujeres, la oxitocina se le conoce como la «hormona del acurrucamiento», porque los niveles de oxitocina de las mujeres aumentan cuando están sencilla-mente acurrucándose. Por esa razón, y también porque es liberada por madres lactantes, se cree que la oxitocina facilita el vínculo emocional. Si la hormona es liberada durante la masturbación y no hay nadie con quien establecer ese vínculo, entonces por supuesto que una se va a sentir vacía.

Cuando me resisto a la masturbación, me doy cuenta, así como al resistir otras formas de tentación, que cobro una sensación de fortaleza, de confianza, y hasta asombro.

Hay una gran sensación de libertad cuando puede experimentar el mundo que la rodea y tener amistades con la gente sin estar constantemente consciente de que una es percibida como una persona sexual y que uno tiene que percibir a otros como sexuales. Usted todavía es una mujer que tiene sangre por las venas, por supuesto, y de seguro que conocerá a hombres que le parecerán atractivos. No obstante, cuanto más se aleje de la tentación, más podrá ver a los hombres por lo que son y apreciarlos aun más que antes.

Ahora hallo que, más que nunca, realmente me gustan los hombres —y porque así es, tengo más confianza que nunca que voy a poder sostener una relación amorosa con uno y que me voy a casar con él. La inocencia que tenía en los días en que me podían atraer con un «Hola, desdentada» ha regresado. La única diferencia es que me creció un poco el diente.

diecisiete
temple firme: reparando las abolladuras de su armadura espiritual

Si sus padres fueron unos hippies, hay una buena posibilidad de que metidos en su colección de discos LP, quizás entre las copias gastadas de Déjà Vu de Crosby, Stills, Nash & Young y Days of Future Passed de los Moody Blues, se encuentra un disco cuya cubierta muestra a un hombre melenudo y con bigotes usando un vestido.

El hombre es Frank Zappa, y el disco es We're Only in It for the Money, una obra de 1968 realizada por su grupo Mothers of Invention que satiriza la filosofía que decía «Si se siente bien, hazlo» en aquel entonces. Una canción pregunta: «¿Cuál es la parte más fea de tu cuerpo?»

La canción responde a su propia pregunta: «Tu mente».

La castidad es ante todo, una disciplina mental. Usted puede tratar de esforzarse al mostrar dominio propio cuando su corazón no está en ello, pero mantenerse así a largo plazo requiere dedicación.

Debido a que el fundamento de su castidad está dentro de usted, los desafíos más grandes merodean también por dentro. Algunos de estos desafíos le son bien conocidos. Son las tentaciones que tiene que sacar de su mente, como cuando un hombre bien parecido conocido suyo con una bien merecida reputación de mujeriego sugiere que le gustaría conocerla mejor. También son los sentimientos de soledad e incertidumbre, como cuando pasa la noche sola en casa después de cortésmente rehusar la invitación de aquel mujeriego. Pero eso no es lo que tengo en mente ahora mismo.

Es cuando se siente más confiada en su habilidad de resistir a la tentación, y cuando se siente lo menos susceptible a la soledad, que tiene que estar en guardia en contra de lo que es espiritualmente el desafío más peligroso para la castidad: la inesperada, completamente bochornosa y aparentemente irracional obsesión.

Por naturaleza, una obsesión ocurre cuando menos se lo espera. Usted puede estar poniendo sus recursos en proyectar confianza y dominio propio, reprimiendo a la niñita que aún mora en usted, que teme al rechazo, y que aún está fascinada con hombres que parecen ser inalcanzables.

Normalmente, es posible atravesar una obsesión sin mucho problema. Requiere oración, determinación, y fijar la mirada en la meta. En raros casos, no obstante, la obsesión puede tener éxito en enterrar sus garras profundamente en su psiquis, algo que una vez aprendí a las duras.

Hace un año y medio, estaba viviendo castamente pero no con muchas expectativas. Me sentía aburrida y displicente. Ninguno de los hombres que conocía eran posibilidades románticas. Había rechazado recientemente unas oportunidades de tener sexo casual, y me estaba sintiendo confiada en mi habilidad de esperar hasta el matrimonio. Más confiada que nunca antes. Demasiado confiada.

Había un hombre donde trabajaba al que llamaré Ian, a quien había conocido casualmente por un par de años, puesto que nos desenvolvíamos en los mismos círculos. Siempre había pensado que era guapo y elegante, así como también inteligente y desenvuelto, pero parecía que nunca me notaba. Él pasaba por mi escritorio todos los días y nunca saludaba, a pesar de que nos habíamos hablado unas cuantas veces.

Un día, un compañero de trabajo que apenas conocía estaba yéndose a trabajar a otra compañía y mi oficina aprovechó la oportunidad de hacerle una fiesta de despedida en un bar cercano. Parecían haber siglos desde que había estado en una fiesta, así que llevé un minivestido sexy al trabajo ese día y me lo puse antes de ir a la fiesta. (Todavía me faltaba resolver el aspecto de la castidad que tenía que ver con el vestuario.) Ian estaba ahí, con su whisky con soda en la mano, y para mi sorpresa, inició una conversación conmigo, haciéndome cumplidos por mi vestido.

Nunca soy tan vulnerable como cuando un hombre que creía que estaba fuera de mi alcance de pronto me hace un cumplido. Me quedé al lado de Ian por más de una hora, y no parecía importarle.

A Ian por lo visto realmente le gustaba el licor. Inconscientemente, me vi regresando a la antigua conducta que mostraba cuando estaba junto con los músicos de rock después de los conciertos. Yo había deducido que si me quedaba a su alrededor por suficiente tiempo, ellos estarían lo bastante borrachos como para querer llevarme a casa.

No hace falta decirlo, al regresar al rol conocido de facilitadora, estaba yendo completamente en contra de mi juicio sensato. Sabía en un nivel más profundo que no iba a querer a un hombre que bebía para emborracharse, ni se diga que no me querría a menos que haya bebido unas cuantas copas. Pero yo estaba embriagada, no con alcohol, sino con la emoción de saber que Ian se había fijado en mí.

Él terminó caminando conmigo las quince cuadras por el centro de la ciudad hasta llegar al paradero del tren para irme a casa. En el camino, confesó que se sentía solo y que sufría de depresión.

Oh, pensé, *él es tan vulnerable. Qué dulce. Le debo gustar de verdad para que se haya abierto de esta manera.*

Le dije que yo también solía sufrir de depresión, hasta que encontré mi fe. ¿Tenía él fe? No, pero deseaba que la tuviera. En mi mente, ya me estaba imaginando como la enamorada que lo ayudaría a ver la luz.

Si hubiera permitido que mi sensatez me hablara, hubiera sabido que me estaba engañando a mí misma. Yo no puedo impedir que un hombre beba demasiado café, ni se diga impedir que beba alcohol, impedir que se deprima, y hacer que se arrodille y diga la oración del pecador. De acuerdo, una vez que una está en una relación firme con un hombre, una debe lidiar con sus padecimientos. Sin embargo, no creo que Dios, al escoger al hombre con quien formaré un hogar, quiera que comience con alguien que necesite reparaciones hasta por los codos.

Sin darme cuenta, Ian y yo estábamos en la estación del tren. Me dio una mirada de confundido, como si no estuviese seguro si debía despedirme con un beso y cómo hacerlo. Entonces se inclinó —era alto— para darme un beso relámpago en los labios, y se fue.

Me quedé pensando en Ian durante todo el trayecto a casa. Acostada en la cama esa noche, tuve fantasías con él. En la mañana, desperté con una mezcla de esperanza y miedo, y aun así no podía dejar de pensar en él.

La esperanza duró poco. Rápidamente, se hizo evidente que lo que me pareció interés de parte de Ian, en realidad era curiosidad. Y esa curiosidad había sido satisfecha. Quizás le podría gustar tener de vez en cuando unos tragos conmigo y compartir sus problemas, pero eso sería todo.

Normalmente, al darme cuenta de que mi esperanza amorosa había perdido el interés, yo me reponía y seguía adelante. Por razones que no entendía, eso no ocurrió. En cambio, comencé a regresar a la clase de mentalidad que tenía en la secundaria, cuando temía que perder a un posible enamorado significara perder mi última oportunidad para hallar amor.

Una noche, puesto que un amigo mutuo nos había invitado a Ian y a mí a una fiesta, nos reunimos y fuimos juntos. Al llegar, Ian procedió a conversar con los de la fiesta por todo el salón como si yo no estuviera allí. A esas alturas, no obstante, aún no me daba cuenta de que no estaba realmente en una cita amorosa. No quería que me confundiera la evidencia.

Al suceder esto en un momento de mi vida en que todo era lo mismo de siempre, y en que me felicitaba por ser tan devota y casta, fui atacada por el lado ciego por esta atracción obsesiva. Lo que es peor, tenía que lidiar con ello en el lugar de trabajo.

Yo solía tolerar que Ian pasara por mi lado sin saludar. Ahora, sin embargo, cada vez que él parecía que me estuviese ignorando, me sentía devastada. Empecé a usar trajes cada vez más sexy en el trabajo, con la esperanza de que se fijara en mí. Luego me iba a su oficina con algún pretexto, buscando un poquito de conversación, pero estaba tan nerviosa que sólo terminaba abochornada.

Después de un par de semanas de no poder sacarme a Ian de la cabeza, empecé a darme cuenta de que yo tenía un problema. Aunque estaba sumamente reacia de abandonar la esperanza de que algún día pudiera enamorarse de mí, era evidente que no podía continuar teniéndolo en el centro de mis pensamientos. Estaba teniendo problemas para dormir y a menudo estaba a punto de llorar. De verdad temía estar volviéndome loca.

Lo peor era que sabía de algún modo que mi obsesión no era racional, pero parecía que no había nada que pudiera hacer al respecto. Me sentía indefensa y no entendía por qué.

Así que hice lo que cualquier chica que se respeta a sí misma hubiera hecho en esa situación. Llamé a mi mamá.

Me escuchó mientras le decía cómo me había enamorado perdidamente y cómo esto me hacía sentir terriblemente mal. Aun si Ian fuera la persona correcta para mí y me correspondiese, expliqué, no estaba sintiendo lo que se suponía que debía sentir. El amor, yo sabía, podía hacerme sentir un poquito tonta o incómoda, pero no físicamente enferma y al borde de la locura.

Mi mamá tomó seriamente mi queja y me aconsejó que leyera acerca de lo que los cristianos llaman guerra espiritual, especialmente las palabras de Pablo en 2 Corintios, donde distingue entre los enemigos físicos y los espirituales: «Pues aunque andamos en la carne, no militamos según carne; porque las armas de nuestra milicia no son carnales, sino poderosas en Dios para la destrucción de fortalezas, derribando argumentos y toda altivez que se levanta contra el conocimiento de Dios, y llevando cautivo todo pensamiento a la obediencia a Cristo» (10.3-5).

Llevando cautivo todo pensamiento significa dominar nuestros pensamientos y pasiones en lugar de ser dominada por ellos. Para mí tenía sentido; eso era lo que tenía que hacer. Si Pablo sabía de lo que estaba hablando, entonces yo necesitaba ayuda, porque estaba encerrada, aunque sin quererlo, en una batalla espiritual.

La solución, aconsejó Pablo, es tomar «toda la armadura de Dios» (Efesios 6.13), la cual, así como las armas del enemigo, es espiritual, no física.

Lejos de ser una protección imaginaria, esta armadura espiritual es un conjunto de verdaderas cualidades internas que se reconocen por su poder para impedir que uno sea herido espiritualmente: verdad, justicia, preparación, fe, salvación, y oración.

Con mi dolor emocional por sentirme arrinconada por Ian, empecé un contraataque doble. Oré todos los días pidiendo que Dios me cubriera con Su armadura espiritual. Al mismo tiempo, me abrí a algunas de mis amigas más cercanas y miembros de la familia, y les pedí que oraran para que fuera librada de mi obsesión.

Inmediatamente después de comenzar el contraataque, mis síntomas comenzaron a aliviarse. Se disipó mi sensación de asfixia, así como mucho de mi nerviosismo delante de Ian.

Le pedí a más amigas que oraran por mí, y les dije por qué. Tenía vergüenza de admitir lo que me estaba pasando, pero comprendieron. Estas eran amigas cercanas, le recuerdo, no unas que iban a chismosear.

Cuantas más personas oraban por mí, más paz comencé a sentir, y más capaz era de ponerme mi armadura espiritual. En un lapso de una semana, regresé a mi estado normal. Llevó mucho más tiempo antes de poder sentirme cómoda cerca de Ian. Hasta la fecha, el recuerdo de mi obsesión me pone un poquito tensa cuando estoy alrededor de él, pero por lo menos sentí que podía controlarme.

Como dice el viejo dicho, el precio de la libertad es la eterna vigilancia. La castidad es verdadera libertad; libertad de la esclavitud a las pasiones que son dañinas o contraproducentes. También es la libertad de experimentar pasiones por voluntad propia, y no por obligación. Lo que aprendí de mi experiencia con la obsesión es que no puedo tomar esa libertad a la ligera. El momento en que uno permite que hayan rajaduras en la armadura espiritual, el espíritu de las tinieblas penetrará como gas mortal.

Un aspecto fascinante de la guerra espiritual es lo que demuestra en cuanto al poder de la oración. La gente tiende a pensar que los estados emocionales sólo responden a la terapia, a un cambio en las circunstancias externas. Con la oración, sin embargo, nos elevamos por encima del poder de nuestros cuerpos físicos y obtenemos acceso al poder otorgado por Dios. Si aquello por lo que oramos es la voluntad de Dios —y siempre es la voluntad de Dios derrotar al mal— entonces podemos estar confiados de que Él nos preparará con toda arma espiritual necesaria para lograr la victoria.

La oración, como toda arma buena, puede usarse no sólo con intenciones defensivas, sino también ofensivas. Usted puede usarla para atacar a su condición de soltera. Si cree que está lista para encontrar a la persona correcta y casarse, ese deseo debe ser parte de su vida de oración.

Algunas personas recomiendan orar día y noche para que se les envíe un marido. Yo no. Yo hice eso por un largo tiempo y descubrí que no sólo no recibí un esposo, sino que yo era más fácil de engañar. Cuando conocía a un posible interés amoroso, pensaba: ¡Dios está contestando mis oraciones! La idea me hacía precipitar a iniciar una relación personal mientras que pasaba por alto problemas obvios de compatibilidad.

Hoy, oro para que Dios me prepare para el matrimonio; para que me envíe mi esposo cuando esté lista; y que me conceda paciencia mientras tanto. También le agradezco por hacer todo en Su buen tiempo. Es difícil decir esa oración cuando me molesta que se esté tomando Su dulce tiempo, pero me recuerda que la experiencia ha demostrado que Dios tiene mejor sentido del tiempo que yo.

Por último, le pido a Dios que bendiga, guíe, fortalezca, y proteja a mi futuro esposo. Orar por mi futuro esposo me recuerda que Dios sabe quién es él aun cuando yo no lo sepa. También me hace sentir espiritualmente conectada a él, incluso si todavía nos falta conocernos.

Orar por el deseo de nuestro corazón según la voluntad de Dios es la manera en que nos alineamos con el propósito de nuestras vidas. Cuando hacemos nuestros planes sin consultar con Dios, somos como trenes con ruedas defectuosas que amenazan con salirse de los rieles. Algo tan sencillo como una oración de todo corazón puede enviarnos en la dirección que se supone que debemos ir.

Casi todos los días, tomo un tren subterráneo llamado PATH (Port Authority Trans Hudson) para llegar a la zona media de Manhattan, y me siento bien adelante, cerca del compartimento del conductor, donde puedo ver las señales. Cuando no estoy leyendo un libro durante los treinta minutos de mi viaje, pienso en lo que significan esas señales.

En tanto que el conductor está en el carril correcto, él sabe cuál es su destino, pero no lo puede ver mientras esté en el largo y oscuro túnel. Todo lo que puede ver son estas lucecitas que destellan rojo, verde, o amarillo. Para mí, eso es como la vida de alguien que está siguiendo a Dios. Aun cuando sé que mi meta es la santidad, aún tengo que cuidar que no me precipite cuando Dios quiere que yo vaya lentamente, o que me quede en un sitio cuando Dios quiere que prosiga.

Una vez, cuando tuve un momento para conversar con el conductor antes que arrancara el tren, le pregunté: «¿Cuántas señales hay desde aquí hasta Nueva York?»

«Ah, no sé, cuarenta, cincuenta», contestó.

«Y tiene que observarlas a todas y cada una de ellas», dije maravillada. «Realmente admiro cómo puede hacer eso, toda la concentración que se requiere, porque cualquiera de esas señales puede convertirse en luz roja».

No estaba siendo sarcástica, y no creo que él lo haya tomado de esa manera. Sin embargo, me dijo, del modo más simpático posible, que mi romanticismo era ridículo.

«Es un trabajo aburrido», dijo él.

Me quedé boquiabierta.

«Es la misma cosa todos los días. Es aburrido», repitió. «Estoy atorado en este ataúd vertical, en este asiento de metal…»

Él continuó quejándose. Yo traté de parecer comprensiva. En un momento, me salvó la campana que indicaba que las puertas del tren se habían cerrado.

Me di cuenta que cuando deje su «ataúd vertical», puede que piense que terminó de esperar las señales de ese día. Su trabajo es duro, pero su vida es relativamente fácil.

Conmigo es lo opuesto. Me encanta observar las señales de los trenes porque son tan claras. Lo que me preocupa es la salida del tren, porque las señales de Dios se oscurecen por las distracciones de la vida cotidiana.

Así que todavía envidio al conductor por la certeza que tiene por medio de esas luces que destellan. Y estoy agradecida por cada día que la Palabra de Dios alumbra mi camino.

dieciocho
por qué importan
los valores compartidos

A mi madre le gusta hablar de algo que una vez dije cuando tenía unos diez años y me preguntó cuál era la cualidad más importante que buscaría en un enamorado. (En ese entonces, era definitivamente una pregunta hipotética, aunque admito que cuando tenía seis años, estuve brevemente «casada» con mi compañero de clase Greg Clayton.)

Yo contesté: «Que yo le guste».

Ah, si tan sólo fuera así de sencillo, ¿verdad?

Mi respuesta reflejaba algo que estaba profundamente dentro de mí que permaneció durante toda mi vida de tener citas amorosas, hasta hace poco. Yo sobreestimaba el valor del deseo de que un hombre se comprometiera conmigo y subestimaba mi propio atractivo. Fue una especie de superstición que afectaba la manera en que establecía relaciones personales, haciéndome vulnerable a los hombres que querían un compromiso instantáneo.

Ante todo, cualquier hombre que me parecía atractivo tenía el factor sorpresa de su lado si deseaba estar en una relación conmigo.

Siempre me sorprendía cuando alguien que me gustaba correspondía mi interés.

Cuando establecía una relación demasiado rápido, inevitablemente llegaba el momento en que me daría cuenta que mi enamorado y yo no estábamos de acuerdo con cosas que eran importantes para mí. Desgraciadamente, y aquí es donde surgía mi superstición, a menudo trataba de restar importancia a las diferencias, razonando que el puro hecho de que «yo le gustara» debía ser suficiente para cubrirlo todo.

Lo que no entendía entonces, y que estoy empezando a entender ahora, es esto: La única manera de que un hombre y una mujer en una relación puedan resolver sus más grandes y dificultosas diferencias a través del tiempo es si están enamorados. Un hombre y una mujer pueden estar enamorados sólo si uno ama lo que está en el otro. Si un hombre no ama lo que está en mí, incluyendo los valores que contribuyen a ser como soy, entonces, aunque él pueda sentir una especie de amor hacia mí, en realidad no me ama.

El amor verdadero es el amor ágape que describí anteriormente, la clase de amor en la que usted es definida por lo que ama, en vez de lo que la ama. Debido a que creo que Dios es amor, creo que en una verdadera relación amorosa, tanto el hombre como la mujer aman a Dios, así que se convierten en el amor de Dios el uno para el otro.

Como lo dijo el apóstol Pablo, por medio de mirar a Dios, llegamos a ser como Él: «Así, todos nosotros… reflejamos como en un espejo la gloria del Señor, somos transformados a su semejanza con más y más gloria por la acción del Señor, que es el Espíritu» (2 Corintios 3.18 NVI). Es una especie de ósmosis espiritual, casi una reacción química por estar cerca de la fuente de amor; y como reacción química, afecta toda parte de nuestro ser. A través de ello, somos renovadas y aprendemos a amar más profundamente.

Entonces, ¿Cuál es la diferencia entre el amor de un hombre que la ama sin conocer o sin amar a Dios y el de uno que conoce la fuente verdadera de su amor? Es como la diferencia entre un canal y un río.

Recientemente di un paseo por el Delaware and Raritan Canal, en la parte sur de New Jersey cerca de la frontera con Pennsylvania. Es un adorable cuerpo de agua, quieto y calmado, rodeado de la naturaleza. Uno podría estar feliz allí por un rato, si uno no supiera lo que yace más allá.

Pero no estaba satisfecha con sólo ver el canal, porque sabía que había algo más en la proximidad. Lo seguí hasta que finalmente se vio su fuente: el río Delaware. ¡Zas! De pronto había pasado de un lugar de tranquilidad y quietud a un grandioso y poderoso río. Aquí también estaba la naturaleza, pero con mucha más diversidad, con más clases de flores, árboles, pájaros, animales, e insectos. En algunos lugares el río estaba bordeado de rocas; en otros, de sauces colgantes.

Las ondas rápidas de las aguas del río eran mucho más emocionantes que la plácida quietud del canal. No obstante, si quería, al observar su movimiento repetitivo por un tiempo, podía acoplarme a sus ritmos y disfrutar una sensación de relajamiento.

El amor que está unido sólo a su objeto es el canal. El amor que está unido primeramente a una fuente mayor y luego, por medio de esa fuente, a su objeto, es el río.

Tom estaba desesperado. Después de cinco meses de haber salido con él, le acababa de decir que quería romper la relación. Le explique que había estado pensándolo y que me había dado cuenta que había cometido un gran error precipitándome en las cosas. Al acercarse nuestra relación a los críticos seis meses, era evidente para mí que nuestras diferencias eran insuperables: Yo era cristiana y él era ateo.

Al sentirse abandonado, Tom (no es su verdadero nombre) hizo algo escandaloso. Envió un email a todos los que estaban en su agenda, diciéndoles del rompimiento y pidiéndoles consejo para convencerme de que me quedara con él. Puesto que tenía un trabajo que cubría

periodismo, política, y relaciones públicas, su agenda tenía como tres-
cientas personas.

Como era de comprenderse, yo estaba furiosa. Mis problemas más
personales habían sido expuestos a periodistas, editores de revista,
operativos políticos, publicistas, y cientos de extraños con sus bocotas.
Fue bastante doloroso para mí considerar romper con Tom; lo pensé
muchísimo antes de tomar la decisión. Encontrarme de pronto en un
escenario virtual, con gente a los lados invitada a dar su opinión, era
como actuar en una pesadilla de reality show.

Tom me remitió algunas de las respuestas a su súplica. Entre ellas
estaba una de una columnista política, comentarista de televisión, y
autora conocida a nivel nacional que recientemente había causado
conmoción con sus fuertes opiniones a favor de hacer más estrictas las
leyes de inmigración. A pesar de su reputación de ser severa, su email
para mí fue todo dulzura y luz. Me dijo que era una cristiana religiosa
casada con un ateo, y que si ella lo pudo hacer, yo también podría.

Recuerdo estar mirando fijamente a mi computador en la oficina
con incredulidad mientras leía la misiva de la columnista. Tenía buenas
intenciones, no lo dudo en lo más mínimo, pero me parecía tan extraño
recibir consejo no solicitado de ella acerca de mi vida amorosa.

«¿Qué sucede?»

Yo volteé y vi a mi compañero de trabajo Jon. Me había visto
mirando la pantalla de mi computadora con la boca abierta. Sabía
acerca de la carta de Tom; él también la había recibido.

«Es un email de [Ms. X]», expliqué. «Respondió al que Tom envió
pidiendo a la gente que me persuadiera para que me quedara con él».
Suspiré. «Ella dice que debo tener una actitud más abierta».

Hubo una pausa, y luego Jon, que había leído su buena parte de los
comentarios de Ms. X, dijo con incredulidad: «¿[Ms. X] te está diciendo
a ti que tengas una actitud más abierta?»

Conocí a Tom en el verano del 2002, cuando estaba entre dos mundos. Fue después de haberme convertido en cristiana, pero antes de haber comenzado a vivir mi fe. Era la época de mi «red de seguridad sexual», cuando creía que el sexo premarital no me iba a causar ningún daño espiritual siempre y cuando le pidiera perdón a Dios.

La relación comenzó con una parrillada en la casa de un amigo, en la que Tom y yo nos caímos muy bien inmediatamente. A los treinta y dos años de edad, él era un año menor que yo, rubio de ojos azules, se le veía esbelto y muy pituco con su camisa bien planchada y abotonada y sus pantalones cortos caquis. A pesar de que normalmente no salía con pitucos, me gustaba cómo parecía ser caballeroso y civilizado, no como los músicos y escritores con los que estaba acostumbrada a estar. También tenía muy buen sentido del humor, y sabía tanto sobre una amplia variedad de temas —desde la filosofía griega a la historia americana, hasta las películas británicas de ciencia ficción— que me pareció que nunca me iba a aburrir al lado de él.

Terminamos yendo al cine esa misma noche. Sabía que iba a pasarla bien por la manera cortés en que se ofreció a llevar mis palomitas de maíz. Después, nos fuimos a un café acogedor y hablamos de nuestros sistemas de creencia. Tom estaba bien metido en discutir esas cosas por ser estudiante de filosofía.

Le conté acerca de mi experiencia de fe que había tenido unos cuantos años antes que me habían cambiado de ser una judía agnóstica a una cristiana que cree en la Biblia. Él me dijo que era un ateo devoto y me quiso besar.

En contra de mi sensatez, yo lo besé. Se sintió agradable, pero no estallaron los fuegos artificiales. Eso me debió haber indicado inmediatamente; si el beso de un hombre no es excitante, él no es la persona correcta, o es demasiado pronto para estar besándolo.

No dejé que me detuviera la falta de fuegos artificiales, porque no confiaba en mí misma. Varias veces que los había sentido, me había lastimado. Si era capaz de disfrutar la compañía de Tom sin desmayarme, quizás eso significaba que finalmente había encontrado a mi verdadera pareja. (Nota para mí: El siguiente enamorado debe ser digno de desmayarse.) Además, y odio admitir esto, ser capaz de admirar la apariencia de Tom sin ser arrastrada me daba una sensación de control, una capa incorporada de protección emocional.

Lo que sí sentí fue suficiente para quedar enganchada. Fue la posibilidad de que este hombre guapo, inteligente y divertido pudiera querer que fuese su enamorada.

Aunque todavía no estaba firmemente establecida en la castidad, sabía que ya había tenido suficientes amigos apasionados y aventuras sexuales de una noche. Después de un beso, le confesé a Tom que ya no besaba para divertirme por ahí; que una relación era lo que estaba buscando.

Él dijo que tampoco estaba interesado en divertirse por ahí; no era su naturaleza. Lo dijo con mucha seriedad, y aunque parte de mí se sentía como la mujer más ingenua del mundo, le creí.

Resultó que de veras él estaba diciendo la verdad. De hecho, mientras lo estaba conociendo, me di cuenta que él era incapaz de decir una mentira. En las palabras de Bob Dylan: «Para vivir fuera de la ley, hay que ser honesto». Yo iba a aprender que para un ateo devoto como Tom, que había resuelto probar que puede vivir dentro de la sociedad pero fuera de la ley de Dios, la ética es esencial para la supervivencia.

Desde el comienzo, Tom tenía muchas cualidades que yo había soñado encontrar en un enamorado. Era dedicado y fiel, y le encantaba presentarme a sus muchos amigos. Había pasado tanto tiempo desde que había sido tratada como una enamorada y no sólo como amiga o amante, y yo atesoraba esa sensación.

Al principio, eludimos nuestras diferencias religiosas jugando el juego «vive y deja vivir». Yo podía guardarme mis oraciones, y Tom podía tratar de no decir nada de cómo toda la fe religiosa estaba basada en superstición. Esto último le fue muy difícil ya que era suscriptor perenne del Skeptical Inquirer [Indagador escéptico] e idolatraba a los profesionales antirreligiosos como James Randi.

No es de sorprenderse que no pudiéramos vivir y dejar vivir por mucho tiempo. Aun antes de que nuestra tregua se vaporara inevitablemente y se convirtiera en peleas acerca de la Biblia, algo no andaba bien.

Comencé a notar que aunque Tom era inusualmente bondadoso y leal con sus amigos, parecía que a él no le importaba nadie en particular. Era cortés con todos, pero bien metido en su mundo. Lo más cerca que estuvo en expresar preocupación por extraños fue su interés en la política, pero aun ahí tendía a estar más preocupado de los peligros a las grandes entidades económicas que los peligros a los individuos.

Sentí que algo faltaba en mi relación con Tom, pero no sabía qué.

Un día, en un esfuerzo por llenar el vacío, le pregunté a Tom si consideraría trabajar de voluntario conmigo. Una amiga mía trabajaba de voluntaria para una organización benéfica que entregaba comida caliente a ancianos enfermos confinados en casa los sábados en la mañana; quizás ella, Tom, y yo podríamos hacerlo juntos.

Tom respondió con un largo discurso. Lo esencial de lo que dijo fue que el sistema capitalista funciona al permitir que los ciudadanos escojan cómo usar su tiempo; él no escogió usar su tiempo trabajando de voluntario; por lo tanto, otros ciudadanos tenían la libertad de trabajar como voluntarios en lugar de él. También dijo que aunque se oponía personalmente a donar su tiempo, él le daba a la sociedad otros beneficios intangibles escribiendo artículos que apoyaban el sistema capitalista.

En otras palabras, él donaba en la oficina.

Mi mente se entreveró un poquito tratando de reconciliar a este aparentemente tacaño cruel con el hombre dulce, amable, y guapo que siempre estaba a la disposición de sus amigos. Esperando encontrar algún rincón en su corazón que estuviera abierto a la fe, comencé a compartir con él cómo Dios me había sanado de la depresión.

Tom me escuchó dar mi testimonio como alguien que le sigue la corriente a un niño que le está contando acerca de la hada madrina. Estaba dispuesto a creer que había estado deprimida, y que ahora estaba mejor, pero él insistía que Dios no tenía nada que ver con ello. Cualquier cambio que ocurrió fue puramente psicológico; el resultado de mi propia ingenuidad y mentalidad positiva, decía él.

Cuanto más negaba Tom que Dios fuese responsable de lo que yo creía que eran los frutos de mi fe, más distante me sentía de él. Trataba de explicarle lo que estaba mal, pero parecía que no había forma de poderle hacer entender. Para él, yo estaba siendo poco razonable. Él insistía en decirme que me amaba, y trató todo lo que pudo para satisfacerme, a excepción de cambiar sus creencias.

Tom y yo no rompimos sino más bien partimos en direcciones diferentes. Era evidente que uno no iba a cambiar al otro. Resolví nunca más salir con un ateo, especialmente uno que no estuviera por encima de usar su lista de email como tribuna. Él resolvió nunca más volver a salir con una teísta.

Para entender lo que realmente pasó entre Tom y yo, y lo que ello dice acerca de la importancia de los valores que se comparten, ofrezco una alegoría. Como todas mis alegorías favoritas, tiene que ver con comida que engorda:

Sólo postres

Una hermosa mañana, me desperté y encontré una bandeja llena de galletas sin hornear en la repisa de mi ventana, todas perfectamente formadas y listas para ser horneadas.

Miré la bandeja con asombro, escuché una voz hermosa en mi cabeza, la voz de un Ser perfecto. Decía: «Te amo, me preocupo por ti, y te daré una bandeja de galletas cada mañana por el resto de tu vida. Todo lo que tienes que hacer es hornearlas».

Me pregunté si me estaba volviendo loca, pero de cualquier modo cociné las galletas y las probé. Estaban deliciosas, muchísimo mejor que cualquier cosa que hubiese creado yo mismo. Tenía que compartirlas con todos los que conocía, y así lo hice.

Mi vida comenzó a cambiar. Nunca antes me había sentido como si tuviese tanto que dar. Podía compartir todas las galletas que tenía, y siempre serían reabastecidas en la mañana. Por primera vez sentí que tenía un propósito.

Cuando conocí a Tom, lo primero que hice fue ofrecerle una de mis galletas. Quedó cautivado y tenía que tener más.

Le di a Tom más galletas y le conté cómo aparecían en la repisa de mi ventana cada mañana, regaladas por Alguien a quien no podía ver, que me amaba mucho. Mi única contribución era ponerlas en el horno y sacarlas a tiempo.

«Eso es imposible», dijo Tom. Él a veces había notado que yo sacaba una bandeja de masa de la repisa de mi ventana, pero supuso que era un truco raro de pastelero de dejar la masa afuera toda la noche. De cualquier modo, él no estaba lo suficientemente interesado en el origen de mis galletas como para realizar la investigación necesaria para descubrir de dónde venían.

«¿Cómo puede ser imposible?» pregunté. «¿De qué otro sitio van a venir las galletas? Nunca antes solía tenerlas».

Él había escuchado de esas cosas, dijo. En cada caso, el origen de las galletas misteriosas resultó ser el producto de la imaginación del pastelero.

«¿De qué estás hablando?» exclamé. «Tú las saboreaste. Son reales».

«Sí», dijo, «las galletas mismas son reales, pero no vinieron de un ser imaginario. Tú las hiciste».

«¡Pero te dije que las había encontrado!» protesté. «¿Me estás llamando mentirosa?»

«No» dijo él.

«Entonces, ¿me estás llamando loca?»

«No, no en lo absoluto. Tú estás haciendo las galletas inconscientemente. Existe una condición sicológica conocida por la cual una persona, que de otro modo sería sana, tiene un bloqueo mental, así que se olvida del tiempo que pasa cada día haciendo galletas».

«Ahora, eso es una locura», dije. «Piénsalo: ¿Qué es más probable: que yo esté consiguiendo la masa de la galleta de Otra persona, o que mi mente, que de otro modo estaría sana, está borrando completamente el hecho de que la estoy preparando yo misma?»

Discutimos un rato más, Tom usaba mis debilidades personales para acumular puntos. Él observaba que algunas mañanas no horneaba galletas en lo absoluto, y otras mañanas se me quemaban y no servían. En ambos casos, era por mi culpa o descuido; no había nada malo en la masa que me habían dado. Sin embargo, él tomó el hecho de no haberlas cocinado perfectamente cada día como evidencia de que vinieron de mí, y no del Ser perfecto. Después de todo, razonó él, si un Ser perfecto las hubiera hecho, siempre estarían perfectas.

Exasperada, dejé de argüir por un momento. Tom trató de hacerme sentir mejor. Él mismo me hizo unas galletas, y estaban buenas. Él estaba bastante orgulloso de todo el esfuerzo que puso y se quedó con la mayoría de ellas, aunque era generoso conmigo y otros en su círculo íntimo.

Al Tom y yo tratar de arreglar las cosas, sugerí un experimento. Significaría mucho para mí, dije, si compartiéramos juntos la experiencia de hornear galletas.

Así que una mañana ambos nos reunimos en la cocina, yo con mi masa preparada de la repisa de mi ventana, y él con su propia receta de masa. Intentamos combinar ambas cosas, esperando la sensación de un *nuevo sabor asombroso, uno de esos momentos mágicos como cuando el chocolate se encontró con la mantequilla de maní.*

No era el destino.

Mi masa y la de él rehusaron mezclarse. Tenían densidades diferentes, y no importaba cuánto las amasábamos, siempre se separaban.

Hay más detalles en esta historia, pero lo voy a dejar aquí por el momento.

La masa es la gracia de Dios, o mejor dicho, las gracias. Él nos da a cada uno de nosotros gracias únicas cada día: «Por la misericordia de Jehová... Nuevas son cada mañana» (Lamentaciones 3.22-23). El acto de hornear representa mis obras: lo que hago con las gracias que se me han dado. Puedo escoger si voy o no voy a desarrollar y compartir esas gracias y cómo.

Tom cocinando galletas con su propia masa representa las obras que se hacen sin fe, porque si hubiera tenido fe, tendría la gracia que viene por fe, y no necesitaría tratar de crear sus propias galletas.

Las obras que hace Tom son suficientes para arreglárselas en este mundo, pero no se mezclan con fe, porque se rehúsa a ceder al señorío de Dios. Él prefiere crear todas sus obras solo desde cero, aun si se comprueba que son inferiores e incompatibles con las producidas por fe, que dejar que Dios trabaje a través de él.

El resto de la historia todavía falta que se escriba, pero sé cómo termina. Un día, voy a conocer un hombre que me atraerá en todo nivel, incluyendo el de los valores. Él sabrá lo que es recibir gracias cada mañana, y va a querer compartir las suyas, al igual que yo quiero compartir las mías. Aun más, a medida que continuamos en fe, sus gracias se combinarán con las mías de manera que nos convertiremos en más que la suma de nuestras partes. Ambos nos aferraremos el uno al otro y llegaremos a ser una sola carne.

O, por lo menos, tendremos deliciosas galletas hechas en casa para enviar a nuestros amigos cuando sea Navidad...

diecinueve
ver para creer:
reteniendo su visión

Por unos cuantos meses cuando estaba buscando trabajo permanente, estuve haciendo facturas médicas para mi padrastro, un oculista que se especializa en pacientes de muy poca vista. Aprendí algo allí: la gente que está perdiendo la vista no es un grupo muy feliz.

Mi padrastro es, al contrario, una de las personas más incesantemente optimistas que jamás haya conocido. Es un judío que se convirtió al cristianismo cuando tenía alrededor de cuarenta y cinco años que rebosa de fervor evangélico, siempre listo para compartir las buenas nuevas con sus pacientes. Para él, la fe es esencial para la sanidad.

Algunos de sus pacientes escuchan. Otros sólo quieren prescripciones, no Escrituras. Con ellos mi padrastro evita mencionar a Dios, pero su afectuosa disposición delata su luz interna. Se rehúsa abandonar casos que otros doctores consideran perdidos, y exhorta a sus pacientes a no darse por vencidos.

Al trabajar en la oficina de mi padrastro y observar cómo sus pacientes respondían al ánimo que daba, vi que aquellos que aprovecharon más el tratamiento eran los que tenían más esperanzas, sin importar lo sombrío del pronóstico.

Es el viejo principio del «poder de la mentalidad positiva». Los pacientes que llegaron con una nube oscura sobre sus cabezas tenían muy pocas posibilidades de mejorar sin importar lo que mi padrastro intentara hacer por ellos. Los que mejoraron eran los que tenían fe, si no en Dios, por lo menos en el tratamiento. Tampoco tenían que tener mucha fe para ver los resultados. Tan sólo un poco podía marcar toda la diferencia en el mundo, hasta un grano de fe del tamaño de una semilla de mostaza.

Se me hizo muy claro que el peligro más grande que enfrentaban los pacientes de mi padrastro no era la ceguera física sino la espiritual. A medida que se acercaba la ceguera física, la espiritual se asomaba también, «tanto que cualquiera la palpe» (Éxodo 10.21).

Los pacientes de mi padrastro estaban haciendo guerra en contra de la ceguera por dos lados. Uno de ellos, el lado físico, no siempre se podía ganar. El otro, un frente mucho más importante, se podía ganar, pero los soldados estaban a menudo desmoralizados, no conscientes de las armas poderosas a su disposición

Aunque mi vista está bien (con lentes de contacto), sé lo que es perder la visión espiritual. También sé lo que es recuperarla. Los sentimientos son tan distintos como lo es el día de la noche.

Estoy escribiendo esto desde una casa de retiro cerca del río Delaware, donde he venido a escribir. La casa es dirigida por un par de monjas que se han jubilado de la enseñanza. Una de ellas, la hermana Gerry, ha sido ciega desde que tenía veinticuatro años debido a un desorden genético. Ahora tiene ochenta y dos, es tremendamente vibrante, a pesar de tener cáncer.

¿Alguna vez ha conocido a alguien que realmente irradiaba gracia? Yo he tenido esas experiencias en raras ocasiones, casi siempre en la presencia de una persona débil y anciana. Parece que Dios les da algo extra a los ancianos que están sufriendo dolor o alguna discapacidad, si están dispuestos a recibirlo.

La hermana Gerry tiene ese resplandor interno de alguien que le ha pedido al Señor con todo su corazón que la convierta en un instrumento de amor y paz. Sus ojos brillan de una manera que nunca he visto en una persona ciega.

El otro día, hablé con la hermana Gerry acerca de un libro que ella había escrito conjuntamente con otra autora acerca de la fundadora de su orden religiosa, Lucy Filippini, llamado Forever Yes: The Story of Lucy Filippini [Para siempre sí: La historia de Lucy Filippini]. Un ejemplar de este libro estaba en mi habitación en el retiro, y había empezado a leer acerca de cómo la joven tímida que vivió en la Italia del siglo XVII reaccionó cuando la iglesia le pidió que dirigiera las escuelas para niñas y mujeres.

Lucy pasó por un período intenso y oscuro de examinar su alma, sintiéndose insegura de la voluntad de Dios. Finalmente, sin sentir confort o consolación a pesar de sus oraciones, salió en fe, «dando un tembloroso sí», como dice el libro.

Una vez que Lucy tomó la decisión de aceptar la desalentadora tarea, regresó su confort y consolación. Pero tuvo que dar ese primer paso por sí misma.

La historia me recordó tanto mi propia vida, momentos en que, al sentirme atrapada en la oscuridad, di un titubeante paso hacia la luz. Quizás me había sentido atrapada en un trabajo o una relación poco gratificante, o simplemente en una rutina.

Mi experiencia con la oscuridad podía incluir temor a la decepción, temor a fracasar públicamente, temor al ridículo, o todas estas cosas. Pero sobre todo, temía que no hubiera nada para mí: ni trabajo, ni enamorado ni vida que valiera la pena vivir, fuera de la conocida infelicidad que se había vuelto insoportable. Cuando usted se enfrenta con esa clase de desesperanza, necesita más que fuerza ordinaria para abrir la puerta que conduce a una vida de esperanza y oportunidad.

El pastor David Ireland tiene una buena analogía para describir lo que es poner en acción la fe de uno. Dice que es como ser un niño en el tercer piso de un edificio que se está quemando, mirando hacia abajo y viendo a un hombre fuerte con los brazos abiertos. El hombre está diciendo: «¡Salta!»

Usted ve al hombre y sabe que es capaz de agarrarla. Usted ve hacia atrás y nota que las llamas se están acercando. Pero, simplemente saber que el hombre es capaz de agarrarla no hace que el salto sea fácil.

El fuego continúa acercándose, y el hombre sigue gritando: «¡Salta! ¡Yo te voy a agarrar!»

Finalmente cuando está segura que quedarse en el edificio un momento más la mataría, usted deja su incertidumbre y terror, y salta.

Durante las veces en mi vida en las que tuve que saltar, Dios siempre estuvo allí para agarrarme. Pero como el niño en la historia del pastor Ireland, y como Lucy Filippini, tuve que pasar un momento aterrador al saltar en el aire, antes de caer segura en Sus brazos eternos.

Le dije a la hermana Gerry de los recuerdos que su descripción de la angustia de Lucy, y el eventual confort que recibió, me trajeron. Luego me dijo que había aprovechado su experiencia personal cuando ella y su coautora, una monja, escribieron esa parte del libro.

Fue su reacción a convertirse en ciega.

«Me di cuenta que tenía que tomar una decisión», dijo ella.

Podía creer que su vida había terminado, explicó ella, o podía decirle sí a la ceguera, y confiar en lo que Dios tenía reservado para ella.

Al ver a la hermana Gerry y sus profundos ojos marrones con su improbable chispa, no me cabía duda de que había tomado la decisión correcta. Ella había dado tanto al mundo y aún tenía tanto que dar. Tan sólo su existencia por sí sola ya era un regalo.

En enero del 2006, el reportero Alan Olifson de Ventura County Reporter recordó las predicciones de videntes profesionales para el 2005. Encontró un par de predicciones correctas: un vidente predijo un aumento de osos que iban a morir ahogados debido a temperaturas más altas en el Ártico. Pero en general «no estaba impresionado».

Un vidente, Kent Boxberger, había escrito que el 2005 tendría una serie de calamidades: un «sorprendente» cambio de presidentes de Estados Unidos, un ataque terrorista peor que el de septiembre del 2001, la caída de la Bolsa de Valores más devastadora que jamás haya sucedido, y hospitales que se iban a la quiebra, seguido por la victoria del equipo de béisbol los Braves sobre los Padres para ir a la gran final de la serie mundial. Olifson notó secamente: «Que nos la pudiéramos ingeniar para tener una serie mundial en el futuro apocalíptico de Boxberger es, creo yo, lo que lo estimulaba».

La confianza de los videntes en sus habilidades de predicción los convierten en blancos fáciles del ridículo. Asimismo, son los momentos cuando estamos más seguros de que podemos ver lo que tenemos por delante que nuestra ceguera es más aparente. Imagínese el personaje de la caricatura Mr. Magoo, tan seguro de que sabe lo que está haciendo, hasta que intenta cepillarse los dientes con la cola del gato.

Hay un salmo que le dice a Dios: «Lámpara es a mis pies tu palabra» (Salmo 119.105). Si ha caminado por caminitos de jardines iluminados por lámparas que han sido puestas en la tierra, usted sabe que esas lámparas sólo le muestran el siguiente paso. Así es con Dios, y es la razón por la cual tengo que seguir lo que dice el apóstol Pablo: «Por fe andamos, no por vista» (2 Corintios 5.7). La única manera de evitar las tinieblas es que reconozca mi total dependencia del Señor y que confíe que Su Palabra siempre me dará suficiente luz para evitar que caiga en una zanja.

Pero la vista es mucho más que ser capaz de ver lo que tiene por delante. Por sí sola es sólo una visión de túnel. Para ganar una perspectiva completa de su ambiente, también necesita ser capaz de percibir periféricamente.

Hablando espiritualmente, nuestra vista periférica es la luz que recibimos cuando nos extendemos hacia otros. Es la luz del amor de Dios, el amor que Él hace posible que demos y luego recibamos, reflejado en la otra persona. Como toda luz indirecta, puede que no sea suficientemente brillosa para proveer iluminación completa. Pero aun así, se mantiene lo suficientemente poderosa para revelar la belleza escondida en cada rincón de nuestras vidas.

Hay una fábula que es materia principal de sermones, acerca de un hombre que recibe de parte de Dios un vistazo del infierno y otro del cielo. El infierno es una habitación llena de gente que está desesperadamente muriéndose de hambre, y en medio de ellos hay un tazón de estofado de olor delicioso. Toda la gente tiene cucharas, pero sus cucharas son tan grandes que es imposible que se puedan alimentar.

El cielo es una habitación con un tazón idéntico en el centro. Todos allí también tienen cucharas largas, pero toda la gente está feliz y contenta.

Cuando el hombre que está viendo el cielo le pregunta a Dios cómo la gente allí puede estar tan feliz mientras que los que están abajo bajo circunstancias idénticas en el infierno están sufriendo, Dios responde: «Ellos se alimentan los unos a los otros».

Es una verdad simple, pero una que es fácil de olvidar cuando está sola y compadeciéndose a sí misma. Cuando no puede ver lo que tiene por delante, necesita poner luz reflejada en su vida. La manera de hacerlo es alcanzando a otros.

No requiere esfuerzo extraordinario. No tiene que salir y salvar al mundo.

Lo que sí requiere es una decisión consciente; una decisión de alinear su voluntad con la de Dios para usted.

Esto no es lo mismo que simplemente resignarse a la voluntad de Dios. En realidad es lo opuesto. Resignarse significa aceptar algo en lo cual uno no tiene esperanza de participar activamente.

En vez de resignación pasiva, uno debe comprometerse a la resolución activa: la determinación de nunca perderse la oportunidad de experimentar la gracia de Dios, o de compartir Su gracia con otros.

Esto es algo que se puede hacer cada minuto de cada día. La gracia de Dios se puede encontrar en cada experiencia, ya sea feliz o dolorosa. Descubrimos Su gracia al andar por fe, reconociendo nuestra dependencia del Señor, y permitirnos el riesgo de sufrir decepción, para que podamos estar abiertos a cada bendición que Él tiene reservada para nosotros.

Nuestra cultura malinterpreta la naturaleza de la decepción. Los anunciadores tratan de convencernos de comprar productos de marca en lugar de arriesgarse a ser decepcionada al aprovechar una oportunidad con marcas desconocidas. Las revistas para mujeres nos dicen que le demos una oportunidad de acostarse con nosotras a un hombre atractivo y soltero, sea que lo amemos o no, en lugar de arriesgarnos a pasar un número indeterminado de noches solas esperando a un esposo que pueda que nunca llegue. Siempre se nos advierte que esta podría ser nuestra última oportunidad. Como advierte la frase de publicidad: «Esta oferta se vence en 30 días», se nos dice que nuestras posibilidades de casarnos se vencen después que cumplimos los treinta años de edad.

¿Qué hacemos cuando enfrentamos este temor? Nos cegamos espiritualmente y agarramos aire, como la concursante frenética en una cabina de vidrio que tiene treinta segundos para agarrar todos los billetes de cien dólares que pueda. Nos aferramos al primer hombre no repulsivo que pase por nuestro camino y terminamos enfrentando justo lo que estamos tratando de evitar tanto: la decepción.

Es el temor a la decepción lo que decepciona. La gente más feliz y satisfecha es aquella que vence este temor. Sólo entonces están libres para mostrar todas las gracias que les han sido dadas. Tienen esperanza, y, como escribió Pablo: «la esperanza no avergüenza» (Romanos 5.5).

La otra noche cené con un amigo, un encantador periodista inglés con el que saldría si compartiera mi fe (él no la comparte) y si estuviese interesado en casarse (tampoco lo está). Me bombardeó con preguntas acerca de la castidad, hasta sugerir que quizás, por el hecho de haber estado buscando por tanto tiempo, podría no encontrar el hombre que estaba buscando.

«Eso no es cierto», respondí. «Mis posibilidades son mejores ahora que nunca antes lo habían sido, porque antes de ser casta, estaba buscando amor en todos los lugares equivocados. Sólo es ahora que estoy verdaderamente lista para el matrimonio y tengo una visión clara de la clase de hombre que quiero como esposo».

«Pueda que tenga treinta y siete años», concluí, «pero sólo tengo veintidós en la búsqueda de un esposo».

Algunas personas pasan largas horas orando por una señal que les muestre lo que deben hacer con sus vidas. Una palabra en particular podría venirles en oración —una amiga mía una vez recibió la palabra Filadelfia— y luego pasan más horas orando para discernir lo que eso significa.

En lo personal, aunque yo a veces he orado por guía en los momentos en que no he estado segura de qué dirección tomar, no creo que normalmente requiera de gran esfuerzo discernir la voluntad de Dios. Una vez que comenzamos a darnos cuenta de nuestra completa dependencia de Él para todas las cosas, esforzándonos para reconocer y compartir la gracia que Él nos da, Dios nos da una señal segura de que nuestra voluntad está alineada con la suya.

Esta señal es gratitud, nuestra propia gratitud.

La palabra viene de gratus, la palabra en latín que significa «gracia». Cuando reconocemos la gracia de Dios, tenemos gratitud. Es un acto del reflejo espiritual, tan natural como el ronronear de un gatito cuando se le acaricia.

Esta gratitud viene sin importar nuestra condición en la vida. No interesa lo que estemos experimentando, bueno o malo, mientras que podamos encontrar una razón para agradecer a Dios en medio de ello, estamos en comunicación con lo divino.

Si usted no está feliz, mostrar gratitud a Dios puede al final ayudarla a encontrar un camino para salir de sus problemas, como lo descubrí durante un largo período de desempleo. Fue en el 2002, durante la profunda recesión. Oré todos los días por un trabajo, pero cuando ninguno de mis esfuerzos resultó, fue difícil mantener la esperanza viva.

Un día, al decir mis oraciones matutinas mientras caminaba a la estación de trenes para poder ir en busca de trabajo en la ciudad de Nueva York, me vino a la mente una oración diferente a lo usual: «Gracias, Dios, por todas las cosas que has hecho en mi vida, te agradezco por todas las cosas que estás haciendo en mi vida, y te agradezco por todas las cosas que harás en mi vida».

Hay algo en la sensación que se tiene al agradecer a Dios por adelantado que cambió mi perspectiva. Ya no me sentía como una víctima. No importaba lo que pasaba, me sentía segura de que Dios tenía todo bajo su control. Es más, creía que me iba a permitir ser una participante activa de Su plan.

Si hubiera sabido en el 2002 que yo iba a tener el trabajo maravilloso que tengo ahora, el largo período de desempleo hubiera sido una brisa. No hay momentos de dificultad que sean tan duros cuando usted sabe que tiene un final feliz. Por eso estoy decidida a aplicar la misma filosofía a mi estado de soltera. No tengo nada que perder al asumir que tiene un final feliz, y tengo todo que ganar.

El tiempo que Dios le da para ser soltera es valioso, y no sólo porque tiene más libertad que una mujer casada para hacer lo que quiere cuando quiera hacerlo. Es valioso porque usted tiene una oportunidad única de hacer florecer todas las gracias espirituales, y hacerlo de una manera que dará fruto por el resto de su vida.

Esta temporada de su vida en la que está soltera no es invierno. Es primavera.

Cuando nos alineamos con la voluntad de Dios para nosotros, abrimos un conducto para que nos toque, y así darnos un ligero vistazo a la eternidad. Como la autora de éxitos de librería, Joni Eareckson Tada, una tetrapléjica, ha dicho: «Lo mejor que podemos esperar en esta vida es una pequeña miradita a las resplandecientes realidades que nos aguardan. Sin embargo una miradita es suficiente. Es suficiente para convencer a nuestros corazones de que cualquier sufrimiento y dolor que nos ataca en la actualidad no se puede comparar con aquello que nos espera en el horizonte».[13]

Yo creo que usted ya ha percibido ese vistazo, sea que se dé cuenta o no. Es la esperanza de algo mejor que le ha hecho tomar este libro, y esa esperanza fue puesta ahí por Dios. Como dice en Eclesiastés, Él ha puesto eternidad en su corazón. Aférrese bien a ese vistazo del cielo y encontrará que incluso cuando está lo más triste, los pequeños rayos de luz iluminarán los rincones oscuros de su vida.

Es en los momentos en que sentimos que tenemos mayor necesidad del amor de Dios que la vida puede sentirse, como una vez dijo el escritor Jim Friedland, «como esa persecución tan alegre, absurda y desconcertante… en la que lo que está persiguiendo con temor y desesperación es lo que le busca a usted con amor».[14]

Siempre recuerde que no está sola. Dios la busca. Como escribió el apóstol Juan: «Nosotros le amamos a él, porque él nos amó primero» (1 Juan 4.19). Vivir por fe es la aventura del que es perseguido. Y comienza ahora.

veinte
de fuerza de voluntad
a fuerza de la emoción

Cuando una amiga mía escuchó el título de este libro, ella supuso que se trataría de extraer energía y emoción de los deseos sexuales reprimidos, lo que Sigmund Freud llamó «sublimación».

No tengo la menor intención de contradecir al padre de la psiquiatría moderna, pero yo no creo que abstenerse del sexo necesariamente le deje a una con cantidades de impulsos reprimidos que están esperando a ser redirigidos. Si eso fuera cierto, entonces ahora, de acuerdo a mi capacidad de excitación sexual, yo hubiera hecho algo grande. Realmente grande. Quiero decir que hubiera salvado al mundo o, si fracasaba en ello, hubiera fabricado la pelota de liga más grande del mundo.

La aventura de la castidad es algo completamente distinto.

El concepto de Freud de que la frustración sexual puede enfocarse hacia metas «más elevadas» asume que hay algo en la naturaleza de la frustración sexual que es esencialmente bueno.

Ahora, se puede encontrar algo bueno en el deseo sexual. La capacidad de tenerlo es parte esencial de nuestra constitución. Asimismo, se puede encontrar algo bueno en el deseo de comer y beber. El sexo, sin embargo, es diferente a comer y beber ya que no es necesario para la supervivencia de un individuo. Por esto, somos capaces de controlar nuestro deseo de tener sexo mucho más que controlar nuestro deseo de comer y beber.

La frustración sexual —contrariamente al deseo sexual ordinario— significa estar preocupado por el deseo insatisfecho de tener sexo, hasta el punto en que precede sobre otros deseos o interfiere con la salud mental de uno. Lo equivalente en términos de comer o beber sería una adicción que causa que uno se obsesione por una sustancia que no sería dañina en moderación, pero, una vez más, no es necesaria para vivir. Por ejemplo, es natural desear algo de beber, pero no ansiar una bebida que altera la mente tanto que afecte la habilidad de funcionar de uno.

Cuando se encuentra con una amiga que tiene problemas con el alcohol y que está ahora esforzándose sinceramente para deshacerse de ese hábito, usted no le dice: «Sólo piensa en todas las cosas que puedes hacer con tu frustración alcohólica ahora que puedes hacer buen uso de ella». La frustración que acompaña las ansias del alcohólico puede ser una fuerza poderosa, pero es una negativa. No puede crear. Sólo puede destruir.

El poder que recibe el alcohólico cuando deja de beber no viene de la frustración sino del dominio propio. En nuestra cultura consumista, se nos ha enseñado que el dominio propio y la frustración son esencialmente lo mismo; lo primero conduce a lo segundo. Si usted practica el dominio propio, los comerciales de televisión dicen que se va a frustrar, así que ¿por qué luchar en contra de ello? Como dice el eslogan viejo de papas fritas rayadas: «Te apuesto a que no puedes comerte sólo una». No le conviene a los anunciantes sugerir que la abnegación temporal puede conducir a una recompensa mayor.

La verdad es, cuando usted practica el dominio propio para esperar lo que realmente desea, usted no se frustra. Usted se llena de poder.

La frustración viene como resultado del resentimiento, y el resentimiento viene del orgullo. El ego frustrado dice: «Me merezco esto, y me lo han negado por razones que están más allá de mi control».

¿Qué es exactamente lo que nos merecemos en la vida?

Por ejemplo, ¿me merezco tener un empleo? De seguro, si un patrón me quiere contratar. Me merezco tener mi trabajo actual porque lo hago bien. ¿Lo merecí antes de obtenerlo? En el sentido estricto de la palabra, no.

Todos hemos visto lo que sucede cuando elegimos a un político que parece ser apto, que parece perfectamente merecedor de ganar la elección, sólo para descubrir que las habilidades que hicieron que el candidato desarrollara una buena campaña no lo convierten en un gran oficial electo. De igual manera, hasta que empecé a trabajar en mi puesto actual, nadie podía saber con seguridad qué tan bien lo haría, no importa todo lo que logré en otros puestos. No merecía el trabajo más que un conductor excelente merece una licencia de manejo sin tomar el examen. Se me dio el trabajo y yo demostré que lo merecía.

Yo me pongo del lado de los fundadores de la nación, quienes, ampliando las verdades que derivaron de la Biblia, reconocieron algunos de los derechos básicos e inalienables de la humanidad como «la vida, la libertad, y la búsqueda de la felicidad».

Todos merecemos vida y libertad debido a nuestra naturaleza como seres humanos con libre albedrío. Tener libre albedrío, no obstante, no significa que siempre tengamos derecho a ejercerlo de la manera que quisiéramos, lo cual es el motivo por el cual los artífices de la Constitución escribieron que tenemos derecho a la búsqueda de la felicidad. Ellos no escribieron simplemente «felicidad» porque no siempre merecemos lo que buscamos.

La palabra merecer viene del latín deservire, que significa «servir celosamente». Usted puede servir sólo algo que ya está ahí, no una causa o persona imaginaria.

Yo merezco ser capaz de buscar un marido. El deseo de casarme es mi causa, y la sirvo celosamente, esforzándome cada día para ser merecedora de un anillo de matrimonio. Yo no merezco un esposo.

¿Y sabe qué? No me gustaría que fuese de otra forma.

Todos hemos visto a los engreídos jóvenes herederos ricos que no parecen ser capaces de disfrutar nada porque todo se les ha dado. En sus mentes, se merecen usar sólo la ropa y joyería más cara, vivir en mansiones, y parrandear cinco noches a la semana porque no tienen que ir a trabajar en la mañana.

Sin embargo, a pesar de sus ventajas materiales y su sentido de tener derecho a cosas, muchos hijos de ricos continúan estando aburridos y frustrados, volviéndose a las drogas o el sexo, que aun así no los satisfacen. La frustración no se puede convertir en un propósito más elevado, porque se deriva de la falsa noción de tener el derecho a ciertas cosas. No apreciamos aquello que creemos que merecemos.

Cuando conozca a mi esposo, lo apreciaré como el regalo que él es, y sé que él me apreciará del mismo modo. Es porque no nos merecemos que ambos vamos a tratar de todo corazón convertirnos en personas merecedoras, cumpliendo con nuestra misión como esposo y esposa.

Además de sentirse que se tiene el derecho a las cosas, hay otra cosa en la composición de la frustración que la convierte en una fuerza negativa no importa el fin al que esté dirigida. La frustración está basada en el concepto de la gratificación: «Quiero sexo, lo voy a obtener, y estaré satisfecha, hasta que lo vuelva a querer». Contraste esto con el dominio propio que dice: «Quiero estar casada, me comportaré como alguien digna del matrimonio, y cuando esté casada, continuaré esforzándome en ello». El dominio propio se fija en satisfacer la esperanza de uno, pero nunca desea estar completamente saciada, porque sabe que el objeto de su deseo no es algo que deba ser consumido.

El estado mental que me abrió al sexo antes del matrimonio fue consumista por naturaleza. Yo veía al mundo en términos de objetos y gente a la cual desear, y que esperaba poder adquirir y usar. No era una persona cruel intencionalmente, y nunca hubiera conscientemente pensado que usaba a otros, pero el hecho persiste de que yo trataba a los hombres como posesiones.

La filosofía consumista se extendía por el resto de mi vida. Yo vivía en ritmos que se parecían a los ritmos veloces del sexo casual: la formación, la excitación, el período tranquilo posterior, el fin inevitable.

La impaciencia era parte de mi composición; siempre quería pasar a la siguiente cosa grande, sea lo que fuere. Como no era una persona que se detenía a oler las flores, muchas oportunidades de experimentar la belleza me pasaron de largo. Me da vergüenza decir que cuando vivía en West Eighty-eighth Street justo saliendo de Central Park West por año y medio después que me gradué de la universidad, ni una vez caminé las dos cuadras hacia la transversal de Eighty-eighth Street para dar un paseo por la atracción natural más grande de Nueva York.

Lo que es peor, incluso me enorgullecía de no visitar el parque. Central Park, creí, era para patucos, viejitos sentimentales, madres jóvenes con cochecitos, y gente desamparada que no tenían a dónde ir. Yo estaba demasiado ocupada haciendo cosas importantes, como ver grupos musicales en clubes de rock mugrientos y llenos de humo de la zona East Village.

Hoy en día, al vivir castamente lo hago a un ritmo diferente. No siento esa necesidad de sacarle algo a la gente y las cosas. Libre del ciclo de gratificación instantánea, soy más capaz de experimentarlo de manera más completa a su debido tiempo. En consecuencia, mis relaciones con amigos y la familia son más profundas, y recibo más felicidad de ellos, y creo que es en gran parte porque tengo mucho más que dar.

Mi habilidad de recibir también ha aumentado, porque me estoy relacionando con gente a un nivel más profundo. Yo solía suponer que los hombres estaban interesados en mí sólo a nivel superficial. En consecuencia, cuando me trataban con más dignidad que la que trataban a una simple aventura, al abrirme la puerta, o jalar la silla de una mesa para que me pueda sentar, yo no sabía cómo tomarlo. La idea era linda, pero la acción parecía un poquito cursi e innecesaria.

Ahora que estoy viviendo de manera casta, me hallo en la posición altamente agradable de aprender cómo dejar que los hombres sean caballeros. Es una nueva experiencia, tener que resistir el instinto de jalar mi propia silla o abrir yo misma la puerta. Si el hombre con el que estoy quiere hacer esas cosas, debo dejar que lo haga y disfrutar de la sensación de ser tratada como una dama.

La castidad trae muchas bendiciones, pero si lo que quiere es la aventura, la aventura más grande de la castidad es el regalo del asombro.

Mis momentos más felices son cuando me asombro de las bendiciones que Dios me ha dado, desde la más pequeña hasta la más grande. Estoy verdaderamente agradecida por ellas porque no las merezco; son regalos.

En esta época, asombrarse es una cualidad reservada para el momento en que uno abre un regalo de cumpleaños emocionante, o la experiencia de ver una película de gran presupuesto con efectos especiales. No siempre era así. En tiempos anteriores, los novelistas y poetas reconocían el asombro como una parte esencial de lo que significa ser humano, algo que debe penetrar en la vida cotidiana.

El poeta inglés del siglo XIX, Gerard Manley Hopkins, escribió un poema titulado «Belleza ruana» que exclamaba: «Gloria a Dios por las cosas moteadas». Es difícil imaginarse a un poeta moderno o un compositor de música pop expresando ese sentimiento; ¿por qué agradecer a Dios sólo porque algo tiene manchas? Sin embargo, al leer el poema de Hopkins, es evidente que nosotros en el siglo XXI, que hemos marginalizado la maravilla al mundo de los productos al consumidor, nos estamos perdiendo de algo inefablemente hermoso. Gloria a Dios, escribe Hopkins, por:

> *Todas las cosas contrastantes, originales, sobrias, extrañas,*
> *Lo que sea inconstante, pecoso (¿quién sabe cómo?)*
> *En velocidad, lentitud; dulzura, amargura; deslumbre, opacidad.*

Es una pena que nuestra era haya excluido al asombro de la vida cotidiana, porque hay cosas a todo nuestro alrededor que tienen el potencial de llenarnos de asombro, si tan sólo nos permitimos experimentarlas y ser agradecidos por ellas.

Estas maravillas cotidianas pueden venir de la belleza natural como la que inspiró a Hopkins, o puede venir de placeres simples. Casi todos los días, por ejemplo, como un panecillo de masa fermentada y con romero camino al trabajo. La compro en una tienda de gourmet y me la llevo al tren, donde a escondidas le doy mordidas cuando el conductor no está viendo y lo acompaño con tragos de té helado. (No se permite comer en el tren, pero soy una rebelde.) Mi método para evitar dejar migajas es poner mis manos en la bolsa de plástico que tiene el panecillo y lo parto en trozos pequeños. Luego saco los trozos con cuidado uno por uno. Se siente bien romper esa capa crocante y alcanzar la parte suave que está adentro, la cual contrasta con el exterior como la parte blanda de una fruta exótica.

Mientras la sensación de la masa fermentada viaja por mi paladar, saboreo los trozos como si fueran el último manjar que vaya a comer en mi vida. En verdad, son lo mejor que tengo hasta que llega el día siguiente.

Esos sólo son unos cuantos minutos de mi día. Cuando el día es bueno, hay muchos más momentos como esos. Muchos de ellos no tienen que ver con comida. Al gozar de esos regalos inmerecidos, es difícil comprender la idea de que alguien pudiera escoger una vida de frustración por encima de una vida de agradecimiento y apreciación. En las palabras de G. K. Chesterton: «Me asombra el no asombrarse».

Cuando estuve en el segundo grado de primaria, tuve un maestro que insistía que los estudiantes entregaran regalos por el día de San Valentín a todos en la clase, no sólo a sus amigos, en ese día. Fue una movida mal concebida para que los estudiantes poco populares no se sintieran abandonados.

Por ser una persona que siempre ha estado entre la gente poco popular, debí haberme beneficiado del sistema del maestro por el día de San Valentín. Pero no fue así. Los regalos que recibí no me hicieron sentir especial porque sabía que el que me los dio también se los estaba dando a todos los demás. No había sorpresa, ni sensación de que mis tarjetas eran regalos sólo para mí.

Prefería recibir un regalo real de alguien que me lo diera de corazón, que recibir un millón de gente que las daban por obligación.

Antes de ser casta, cuando estaba emitiendo señales de que estaba disponible sexualmente, el interés de los hombres no significaba lo que significa ahora. Igual me sentía feliz cuando un hombre me hallaba atractiva, pero había una sensación definitiva de causa: Estoy usando una blusa escotada, estoy saludando a un hombre antes que él me salude, estoy sonriendo seductoramente y mirándole a los ojos, tocando su hombro, tocando su brazo, haciendo ojitos, etc. Con todas esas pistas indicando que estaba disponible, por supuesto que me coquetearía si está disponible y me halla un poquito atractiva.

Ahora cuando gano el interés de un hombre que me interesa, es mucho más excitante. Ya no llevo el letrero de neón diciendo: «Fácil», ni estoy jugando a hacerme la difícil. Me visto de una manera que muestra mi belleza mientras que retengo una sensación de misterio. Más aun, estoy siendo la persona que soy, esforzándome por mostrar todas las gracias espirituales que me han sido dadas. Si un hombre deseable ve todas estas cosas y se siente atraído a mí por ellas, entonces hay una oportunidad real de que lo que le atrae más es algo que está dentro de mí, algo que aún estará allí cuando se multipliquen mis arrugas.

Esa clase de atracción es el regalo especial de San Valentín. Basta con recibirlo una vez en su vida y es suyo para siempre.

notas

1. David Thomson, "Doris Day: The cutest blonde of them all", *The Independent newspaper* (Londres), 28 marzo 1999.

2. Alan Vanneman, "Are Rock and Doris Hollywood's strangest romantic team?" *Bright Lights Film Journal*, número 24, http://www.brightlightsfilm.com/24/pillowtalk1.html.

3. Mark Lowery, "Chastity Before Marriage: A Fresh Perspective", *The Catholic Faith* (mayo, 1998): pp. 14-16.

4. John Zmirak y Denise Matychowiak, "Contraception, Bulimia, and Frankenfoods", Godspy.com.

5. G. K. Chesterton, *The Everlasting Man*. Nueva York: Dodd, Mead & Company, Inc., 1925.

6. Philip Yancey, *Soul Survivor: How My Faith Survived the Church*. Nueva York: Doubleday, 2001.

7. G. K. Chesterton, *Tremendous Trifles*. Londres: Methuen, 1909.

8. Agustín, *Confesiones*. Dominio público.

9. Episodio de *Sex and the City* de 1998, http://www.imdb.com/title/tt0159206/quotes.

10. Israel Abraham, *The Book of Delight and Other Papers*. Nueva York: Arno Press, reimpreso 1980.

11. C. S. Lewis, *El gran divorcio*. Nueva York: Rayo, 2006.

12. Peter Kreeft, *Fundamentals of the Faith*. San Francisco: Ignatius Press, 1988, pp. 181-187.

13. Joni Eareckson Tada, *HopeKeepers Magazine*, nov.-dic. 2004, http://www.restministries.org/hk_mag/11_12_2004/cover.htm.

14. De un mensaje electrónico.

reconocimientos

Fue el presentador de la radio WMCA-AM, Kevin McCullough, cuyo aliento en el aire para con los nuevos escritores de blogs me inspiró primero a convertir a mi blog, The Dawn Patrol (dawneden.com/blogger. html), en un podio virtual para pontificar mis opiniones sobre los valores, la fe y la política. Fue allí en mi blog que muchos de los capítulos de este libro se iniciaron. Mis más sinceros agradecimientos a Kevin, y a todos los lectores y comentaristas regulares de The Dawn Patrol. Su apoyo y aliento significan más de lo que puedo decir con palabras.

Mi agradecimiento especial a Andrew Krucoff, que levantó mi perfil cuando me entrevistó en agosto del 2004 para Gawker.com, y George Gurley del New York Observer, que me entrevistó en febrero del 2005 después de perder mi trabajo en el New York Post. Estoy agradecida a Greg Daniel de W Publishing Group, que identificó el artículo en el Observer y se me acercó para hablarme de escribir un libro. Y también estoy agradecida a Michael Cooke y Martin Dunn, que también vieron el artículo de

George y me ofreció un puesto en el Daily News que era mucho mejor que el que había perdido.

Gracias a Janet Rosen, que ha sido una apreciada amiga por diez años más de lo que ha sido mi agente, y a los amigos que leyeron mi manuscrito y ofrecieron correcciones, especialmente Caren Lissner y aquel que es demasiado modesto para permitirme que le agradezca públicamente.

Gracias a mamá, papá, mi hermana, mi hermano, mi madrastra, y mi padrastro, toda mi familia y amigos, y mis colegas en el Daily News. Gracias a todos aquellos en el mundo de los medios de comunicación cristianos y las organizaciones sin fines de lucro que han enriquecido tanto mi vida, especialmente James M. Kushiner y todos en la revista Touchstone, y The American Chesterton Society.

Un agradecimiento especial a Danny McKee, dondequiera que esté, que cumplió mi aparentemente imposible deseo de tener con quién ir a mi baile de graduación.

Gracias a mi santo patrón, Maximilian Kolbe, y todo el clero y religiosos que me alentaron al escribir este libro, especialmente la Hermana Josephine Aparo y la Hermana Geraldine Calabrese de Morning Star House of Prayer.

Finalmente, un agradecimiento especial a Col Allan y Susan Edelman del New York Post, sin los cuales este libro no existiría. Cuando pienso en ustedes, pienso en Génesis 50.20.

acerca de la autora

Dawn Eden es una editora asistente de noticias y columnista del *Daily* News de la ciudad de Nueva York. Una ex historiadora de rock, sus obras también han aparecido en *National Review Online, Touchstone, People* y su propio blog, The Dawn Patrol.